KB263668

가든지 보내든지

초판1쇄 발행 | 2011년 4월 2일

지은이 | 허석구
펴낸이 | 채주희
펴낸곳 | 엘맨출판사

등 록 | 제313-2004-00119호(2004.5.10)
주 소 | 121-230 서울특별시 마포구 신수동 448-6
전 화 | 02-323-4060, 322-4477
팩 스 | 02-323-6416, 080-088-7004
메 일 | happybooks2004@hanmail.net

ⓒ 엘맨출판사 2011

기 획 | 이규종   마 케 팅 | 김연범(010.3767.5616)
디자인 | 지키미커뮤니케이션   마케팅지원 | 정수복

정 가 | 12,000원
ISBN | 978-89-5515-406-1 03230

가든지 보내든지

엘맨

부끄러운 마음으로

허석구 목사

나는 글을 잘 쓸 줄 모르는 사람이다. 그런데도 아무 글이나 글 쓰는 것을 좋아하는 편이다.

그동안 선교지에 살면서 틈틈이 쓴 선교지 단상을 모아보았다. 선교사로서의 경험도 짧고 글 재주도 없는 사람이 글을 모아 보니 스스로 보기에도 부끄러운 마음이 앞선다. 하지만 내가 이 글을 책으로 엮게 된 것은 얼마 전 이곳 몽골의 선교사 자녀학교인 MK 스쿨학생들이 그들의 학교 생활을 한 권의 책으로 엮어낸 것을 읽어보고 감동을 받았기 때문이다. 그 초등학생들의 마음으로 책을 발간하게 된 것이다.

하나님께서 나를 부르신 소명.
선교사로 사는 기쁨과 어려움.
선교지에서의 살아가는 생활에 대한 기록이
선교를 준비하는 사람에게나

선교를 위해 기도하는 분들에게나

선교를 후원하는 분들에게 필요하리라는 단순한 생각으로 책을 내게 되었다.

나는 선교사로서도 부끄럽다. 다른 선교사들을 보면 인생의 가장 가운데 부분인 30-40대에 선교지로 나온다. 그들은 갓난아기를 품에 안고 오든지, 철모르는 어린아이를 데리고 선교지에 와서 그들의 인생의 가장 중요한 가운데 부분을 주님께 드린다.

그에 비해 나는 아이들이 다 성장한 후 인생의 꼬리부분을 주님께 드린다고 선교지에 왔다. 한창 젊은 시절에는 자신을 위해 동분서주하다 나이 쉰이 넘어서 선교지로 왔다. 그래서 젊은 선교사들을 보면 부끄럽다.

나는 나 스스로 5시에 부름 받은 종이라 부른다.

성경을 보면 예수님께서 포도원 일꾼을 부르신 비유를 말씀하시면서 어떤 사람은 이른 아침에, 어떤 사람은 아침 9시에, 낮 12시에, 오후 3시에, 어떤 사람은 오후 5시에 부름을 받았다는 말씀이 나온다. 그런데 맨 마지막 오후 5시에 부름 받은 종은 포도원 일을 얼마나 했을까? 라는 궁금증이 생겼다. 그는 5시에 부름을 받아 작업 준비하느라 몇 분을 소비하고, 작업 정리하느라 몇 분 소비하고 나서 6시에 포도원 일이 끝날 때까지 포도원 일을 고작 몇 십 분 하지 못했을 것이다.

그런데 왜 주인은 그렇게 늦게 그 일꾼을 불렀을까?

그러나 포도원 주인은 그 5시에 부름 받은 종에게도 다른 사람과 똑같은 일당을 주었다. 포도원을 위해서가 아니고 그 일꾼에게 필요한 것을 주시기 위해 부르신 것이다. 5시에 부름 받은 종은 은혜로 부름 받은 종이다. 그래서 나는 나를 불러주신 하나님의 은혜를 잊지 않으려 한다.

나는 가난한 집안에 태어나서 가난하게 자랐다. 힘들게 고학하면서 공부했다. 치과의술을 배웠으나 병원 개원할 자금도 전혀 없었다. 그런 나에게 하나님께서는 나의 모든 필요를 채워주셨다. 그리고 나의 때가 아닌 하나님의 때에 나를 불러 사명을 주셨다. 전혀 내가 생각할 수 없었던 일이다.

하나님께서는 나를 부르시고 선교지로 보내주셨다.

하나님께서는 부족한 종을 세계의 많은 선교지 중 몽골로 보내주셨다.

돌이켜보면 지난 5년간 몽골 사역은 하나님께서 하셨다. 선교는 우리가 하는 것이 아니고 하나님께서 하신다. 하나님께서 나를 부르시고 신학을 하게 하시고 사명의 땅 몽골에 파송하셨다.

많은 일들을 경험하게 하시고, 많은 사람을 만나게 하시고 필요한 모든 것을 보내주셨다. '보내는 선교사'(1장)와 '가는 선교사'(2장)에서는 선교사로의 부르심과 응답에 대해 기록했다. 그리고 '네게 있는 것이 무엇이냐'(3장), '신 김치가 필요해요'(4장), '살든지 죽든지'(5장), '가든지 보내든지'(6장)에서는 선교지의 일상생활에서 느낀 점들을 기록하였다. 몽골은 하나님께서 주신 선교의 황금어장이다. 나는 보내는 선교사로 9년을 살았는데 이제는 내가 가는 선교사가 되었다.

'가든지 보내든지'

선교는 전방과 후방이 따로 없다. 선교에는 중간지대가 없다. '가든지 보내든지' 선교지향적인 삶을 살아야 한다. 보내는 선교사도 행복하고 가는 선교사도 행복하다. 모두 하나님의 마음을 아는 사람들이기 때문이다. 하나님의 최대의 관심은 세계이다. 하나님의 최대의 관심은 선교이다. 내가 있는 곳에서 선교지향적인 삶을 살자. 내가 있는 곳이 선교지이다. 세계를 섬길 선교사를 보내든지 아니면 가는 선교사의 삶을 살자.

'가든지 보내든지'

외로움을 감수하시고 늘 곁에 두고 싶은 아들을 선교지에 보내주신 91세 되신 나의 어머님께 감사드리고 싶다. 선교지에서의 어려움을 기쁘게 감당해 주고 옆에서 늘 용기를 주는 사랑하는 아내 이영숙 목사와 부모님을 선교지에 보내놓고 스스로의 힘으로 한국에서 씩씩하게 살아가고 있는 딸 시원이와 아들 성웅에게도 감사한다. 그리고 부족한 종을 위해 늘 기도해 주시고 물질로 후원해 주시는 거성교회 고은태 목사님과 모든 성도들, 이름도 없이 한 결 같이 몽골선교를 위해 후원을 아끼지 않으시는 여러 선교동역자들에게도 마음 깊이 감사의 말씀을 드리고 싶다.

이런 부끄러운 마음과 감사의 마음으로 이 책을 내 놓는다.

몽골 울란바타르 베다니마을교회 사택에서

조약돌과 요한복음

이 용해 장로, 재미 성형외과 전문의, 수필가

허석구 목사님 하면 울란바타르 연세 친선병원 의사실 책상에 앉아 몽골어 성경책을 들고 계시는 모습이 먼저 떠오른다. 무식하면 용감하다고 자격도 없는 내가 몽골에 의료선교사로 간다고 몽골에 갔다. 그런데 제일 먼저 부딪친 것이 언어의 장벽이었다. 몽골 말은 내가 너를 잡아먹겠다고 해도 못 알아듣는 나의 몽골생활 첫 두 주간은 택시를 타고 집에 찾아가고 시장에 가서 먹을 것을 사먹으며 살아남을 수 있는 기초 언어를 가르치는 서바이벌 코스였다. 그런데 언어가 2주간 공부해서 된다면 내가 천재이거나 외국어가 아닐 것이다.

무엇을 배웠는지 띵한 머리로 병원에 돌아온 나를 맞아준 분이 허석구 목사님이였다. 목사님이 웃으면서 "힘드시죠. 외국어를 배운다는 것이 어디 하루아침에 되겠어요. 원하시면 저하고 같이 공부하시죠." 하면서 제게 몽골어를 가르쳐 주신다고 제의해 오셨다. 적당한 교과서가 없으니 우리는 성경을 공부하기로 했는데 그 중에서도 내용이 깊다는 요한복음을 택했다. 그런데 배우는 나보다 가르치는 목사님이 얼마나 열심이신지 내가 수술이 있다고 땡땡이를 치려고 하면 수술이 끝날 때까지 기다리시고 꼭 숙제를 검사하시는 엄격한 선생님이었다. 그는 환자를 보는 시간외에는 책을 손에서 놓으시는 일이 없고 몽골어 공부를 하시는 학자였다.

그러니 몽골에 오신지 8개월 만에 몽골어로 설교를 했다는 신화를 남기신 분이다. 목사님은 너무 겸손하셔서 목사님 같지 않다. 나에게 자기의 이름을 풀이하면서 "내 이름이 석구입니다. 큰 돌이 아니라 그냥 조약돌이 9개 있다고 생각하면 됩니다." 하고 조용히 웃으셨다. 그래서 나는 그를 시냇물가의 아름다운 조약돌이라고 생각한다. 그러나 조약돌이 얼마나 강한가. 큰 바위에 부딪치면 바위가 깨지지 조약돌은 깨지지 않는다. 그러니 팔 척의 골리앗이 조약돌 한 개에 그냥 쓰러진 것이 아닐까.

그래서 젊어서의 꿈이던 목회자와 선교사의 어려운 길을 끝내 이루지 않았을까? 젊어서의 꿈인 선교 사업을 하시려고 늦은 나이에 신학대학에 수석으로 입학을 하시고 잘나가던 할렐루야 치과를 닫고 모래바람이 불고 추운 몽골에 와서 병원 일을 하시면서 개척교회를 세우셨다.

허석구 목사님이 책을 내신다고 글을 보내주셨다. 나는 이 글을 읽으면서 많은 감동을 받았다. 그의 글은 진솔하고 소박하다. 화려한 미사여구도 없고 위인전 같은 자기의 자랑도 없다. 자기의 삶, 자기의 신앙, 자기의 걸어 온 길. 자기의 믿음을 맵고 짠 양념 없이 조미료 없이 그야말로 솔직 담백하게 고백한 신앙고백서이다.

목사님이 젊어서는 선교사를 보내고 나이 들어 자기가 직접 선교사로 나선 자화상으로 책의 제목도 '가든지 보내든지'로 정하셨나 보다. 그의 글은 자기의 삶은 하나님을 위한 삶이라는 고백인 동시에 내가 한국의 많은 것을 버리고 희생하면서 몽골에 왔다는 자랑 섞인 푸념이 아니라 나 같은 사람을 몽골로 인도하신 하나님께 감사하다는 고백이다. 똑·똑·똑 눈이 녹는 소리에서 몽골의 봄이 시작이 된다는 이야기나 올리아스 나무의 녹두알 같은 솜들이 하얗게 날아다니는 몽골의 봄 이야기에는 문학적인 정서가 풍기고 몽골의 크리스마스 이야기 등은 몽골에 가보지 않은 사람들에게 몽골을 잘 설명해준다. 아가페 진료소의 이야기나 사명의 사람에서는 같은 동료였던 박돈상 장로님의 신앙과 헌신을 칭송한다.

떠나는 연습이나 다시 선교지로에서는 인생은 나그네 길이며 우리의 삶이 하나님의 큰 틀 안에서 나그네라고 설파한다. 그리고 우리가 부산에서 죽든지 서울에서 죽든지 몽골에서 죽든지 무슨 차이가 있는가 하는 심오한 철

학도 설명을 한다.

나는 이 글을 읽다가 눈을 감는다. 나의 발 밑에서 시냇물이 흐르는 소리를 듣는다. 그리고 아주 가끔 조약돌이 구르며 서로 부딪치는 소리도 듣는다. 9개의 조약돌일까?

이것이 자연의 소리이고 하나님이 우리에게 들으라고 하시는 소리인가 보다.

마치 "너희는 마음에 근심 하지 말라. 하나님을 믿으니 또 나를 믿으라. 내 아버지의 집에 거할 곳이 많도다" 고 하시던 주님의 말씀처럼……

2011년 초봄에 이 용 해

축하의 글

고은태 목사, 후원교회 거성교회 담임

허석구 선교사님의 책 '가든지 보내든지' 의 축하의 글을 쓰게 된 것을 기쁘게 생각한다. 왜냐하면 선교사로서 선교사역을 글로 남기는 것은 허 선교사님의 할 일을 한다는 점이며, 또 다른 한 가지는 선교하는 모든 분들에게 참고가 되고 도움이 되리라 생각하기 때문이다. 물론 선교하는 사람뿐 아니라 책을 읽는 모든 사람들에게도 은혜가 될 것이다.

허 선교사님은 다양한 사역을 하셨다. 교회학교 교사, 교회학교 부장, 찬양대원, 찬양대장, 서리집사, 집사, 장로, 교육전도사, 전임전도사를 역임하였고 그 뒤 목사로 안수 받고 선교사로 파송되었다. 이렇게 그는 많은 경험과 다양한 사역을 하셨기에 읽는 사람들이 크게 공감하며 감명이 되었다.

치과의사로 안정된 생활을 하다가 새로운 일을 한다는 것은 보통 결단으로는 할 수 없는 일이다. 특히 이영숙 선교사님(허석구 선교사 부인)의 동의가 있어야 하는데 이영숙 선교사님도 역시 더욱 소명에 불타서 두 사람이 함께 신학대학교를 졸업한 후 안수를 받고, 선교사로 파송되었다. 브리스길라와 아굴라 같은 부부이다. 두 사람은 부족한 부분이 많았지만 서로가 보충하고 다듬고 닦아서 훌륭하게 선교사역을 하고 있다.

특히 허 선교사님은 치과의사로 전문인 선교사역을 하는 한편 목사 겸 선교사로서도 다양한 경험과 사역을 하시는 것이다. 그는 먼저 기도하고 경건에 힘썼다. 그로 인해 하나님께서 교회당 건물을 빨리 구입하게 하셨고, 교회허가도 빨리 내어 주셨다. 이 모든 것이 하나님의 은혜요 섭리였다. 주님께서 그 모든 일을 하시기 위해 허 선교사님을 사용하신 것이었다.

오래 전에 온두라스 선교사를 방문하여 선교현장을 둘러본 적이 있었다. 그곳에 계신 선교사님은 열심히 일을 하고 계셨다. 그런데 안타깝게도 선교 일지나 선교사역 자료를 남기지 않으셨다. 난 그에게 말했다.

"선교자료를 남기는 것이 좋지 않을까요? 그래야 다음에 누군가가 선교할 때 참고가 되지 않겠습니까?" 선교사님은 나의 말에 동의하셨다. 그 후 그는 선교에 대하여 모든 일들을 꼼꼼이 기록하셨다. 주님의 도구가 되어 헌신하며 사역한 것을 기록으로 남기는 것은 대단히 중요한 일이다. 그런 의미에서 허 선교사님의 책은 좋은 자료가 될 것이 분명하다.

끝으로 이 책을 읽는 모든 사람들에게 주님의 은총이 함께 하시길 기원한다.

2011년 3월 12일

고은태 목사

c o n t e n t s

c o n t e n t s

보내는 선교사

하나님의 인도

온 세상이 잠에서 깨지도 않은 적막한 새벽 미명, 무서움도 잊어버린 한 여인이 오늘도 어김없이 산을 오르고 있다. 여인은 치성을 드리기 위해 경주시 외동읍 신계리에 위치한 한 암자를 향해 발걸음을 재촉하고 있다.

"비나이다, 비나이다. 신령님께 비나이다. 제발 아들을 점지해 주셔서 응어리진 제 마음의 한을 풀어주십시오."

이 여인이 바로 나의 어머니이시다. 어머니는 딸 둘을 낳고 아들을 낳았다. 그런데 그 아들을 그만 사고로 잃고 말았다. 어머니는 아들을 잃은 고통을 삭히며 100일 동안 나를 얻기 위해 치성을 드린 것이다.

아버지는 마을의 가난한 소작농이셨는데 형편이 좀 나아지자 조그만 방앗간을 운영하셨다. 잘 살아보려고 시작한 방앗간이 경영 부실로 인해 그만 빚더미에 올라앉게 되자 어쩔 수 없이 아버지와 어머니는 자식들을 데리고 도망치듯 정든 고향을 떠나오게 되었다. 그렇게 하여 우리 가족은 부산에 정착하였다. 처음 정착한 곳은 바로 나와 가족을 하나님께로 인도한 평생 잊을 수 없는 교회, 거성교회 앞 철로 변에 있는 무허가 판잣집이었다.

하나님께서는 우리 가족들을 향한 당신의 계획을 이루시기 위해 한 걸음 한 걸음 준비하고 계셨다. 나와 동생은 집 근처를 다니며 어린아이들에게 전도하는 거성교회 주일학교 교사들을 통해 자연스럽게 교회에 나가게 되었다.

생각해 보면, 그 때 우리 집이 파산하게 된 것이 오히려 우리에게는 영적 축복의 신호탄이었다. 만약 방앗간이 잘 되어 계속 그곳에 눌러 앉아 있었다면, 나와 우리 가족들은 예수님을 모르고 현실에 안주하며 살았을지도 모른다.

"고통은 변장된 축복"이란 말이 있듯이 가업의 파탄이 우리 가정 전체를 살리는 축복의 지름길이 된 것이다.

거성교회는 나에겐 어머니 품 속 같은 곳이다. 이곳에서 소년부, 중 고등부 시절을 지냈고, 장성한 후에는 교사, 성가대원, 집사, 안수집사로 봉사하다 37세에 장로 장립을 받았다. 또 거성교회에서 평생의 반려자를 만나 결혼식을 올렸고, 장로로 시무한 지 15년 후에 본 교회 전도사로 사역하다 목사 안수를 받고 선교사로 파송되었다.

예수님을 만난 나와 우리 가족은 가난과 절망, 허무와 무의미한 삶에서 완전한 소망이 있는 삶으로 바뀌었다.

하나님께서는 미신에 찌든 채, 살아가고 있는 우리 가정을 구원하시려고 고난을 통과하게 하신 것이다.

하나님은 여러 가지 고난을 통해 우리에게 더 좋은 것을 주시는 분이시다. 가족들은 모두 하나님의 권속이 되었고 절에서 기도하여 태어난 나와 동생은 주의 종이 되었다.

현재 동생은 부산 산성교회의 담임 목사로 시무하고 있고, 여 형제들은 모두 권사가 되었다. 온 가족이 예수 믿는 가정이 된 것이 하나님의 은혜가 아니고 무엇인가?

하나님은 지금도 아픔과 고난을 통하여 우리를 인도하시고 계신다. 지금까지 지내온 삶을 되돌아보면, 기쁨과 성공의 때도 있었고, 실패와 질병과 고난의 때도 있었다. 하지만 나의 삶을 훨씬 더 귀하게 바꾸어 준 것은 역시 고난을 통해서였다. 고난은 두 얼굴을 하고 있다. 고난의 한 면은 고통과 괴로움이지만 뒷면에는 놀라운 하나님의 축복이 기다리고 있는 것이다.

우리에게 더 좋은 것을 주시기 위해 고난을 통과하게 하시는 하나님을 찬양한다.

내 형제들아
너희가 여러 가지 시험을 당하거든
온전히 기쁘게 여기라 (야고보서 1: 2)

주님과의 첫 사랑

하나님의 은혜로 서울대학교 치과대학에 합격하여 서울에서의 유학생활이 시작되었다. 동숭동에서 하숙을 하면서 학교 근처에 있는 동숭교회에 출석하여 고등부 교사로 봉사 하던 어느날, 여름 성경학교를 앞두고 교사 자체 수련회를 하던 중

"허 선생은 지금 죽으면 천국 갈 자신이 있으세요?"

청년부를 담당하던 이순각 목사님께서 물으셨다.

12세 때부터 지금껏 신앙생활을 해 왔지만, 막상 이런 질문을 받으니 자신이 없었다.

"실은 자신이 없습니다."

부끄러워 기어들어가는 목소리로 대답을 했다.

"아니 교사가 구원의 확신도 없으면서 어떻게 학생들을 가르칠 수 있어요? 여태까지 무엇을 아이들에게 가르쳤어요?"

그 날 밤 많은 교사들이 보는 앞에서, 예수님을 나의 주인, 나의 구원자로 고백하고 영접하는 기도를 생애 처음으로 드렸다.

그리고 한 달 여의 시간이 흐르면서 나에게 많은 변화가 일어나기 시작하였다. 구원받은 것에 대한 감격과 확신에 마음이 뜨거웠고 무엇보다도 성경이 읽고 싶어 견딜 수가 없었다. 때와 장소에 상관없이 입술에서 저절로 찬양이 흘러 나왔다. 주님과 첫사랑에 빠진 것이다.

성경을 더 깊이 알고 싶어 청년부의 몇몇 지체들과 함께 신촌에 있는 네비게이토 선교회에 성경공부를 하러 다녔다. 청년부 회장을 맡은 후에는 청년부 모임에서 네비게이토 교재로 성경공부를 시작하였다. 모임 때마다 네비게이토의 60구절 성경말씀을 한목소리로 암송하고 마음 판에 새겼다. 말씀을 가까이 하고 말씀대로 살려고 애썼던 그 시절이야말로 가장 순수한 마음으로 주님과 교제를 나누던 때였다.

성경말씀이 꿀 송이보다 더 달게 느껴졌다. 입술에서 흘러나오는 찬송은 주님을 향한 내 사랑의 고백이요, 기도는 내 사랑의 대상인 주님과의 비밀스런 교제였다. 나는 주님의 사랑을 절절이 증거하고 싶었다.

"주님, 저는 전방에서 복음을 전하고 싶습니다. 저를 사용해주세요."

그 당시에 내 눈에는 목회자가 가장 행복한 사람으로 보였다. 대학 4학년 무렵, 거리에 널려있는 치과 병원의 화려한 간판을 보아도 별 감동이 없었다. 가운을 입은 의사의 모습보다 강단에서 말씀을 외치는 목사가 그렇게 부러울 수가 없었다. 하나님께서는 나의 눈을 그렇게 바꾸기 시작하셨다.

"하나님께서 허락하시면 목회자가 되고 싶습니다."

나의 관심사는 오직 하나님 말씀을 증거하는 주의 종이 되는 것이었다.

지금 생각하면 부끄럽지만 내겐 잊혀 지지 않는 에피소드가 있다. 목회자가 되어 회중 앞에서 설교하고픈 열망이 가득한 나머지, 고등부를 담당하시던 목사님께 학생들 앞에서 설교하게 해달라고 부탁을 드렸다.

그러자 목사님께서는 "허 선생은 군의관으로 입대해 당분간 고등부를 떠나 계셔야 하니 그렇게 하시지요."하시며 강단에 설 수 있도록 배려해 주셨다.

주일이 되어 나는 학생들 앞에서 열정적으로 하나님 말씀을 전했다. 그때 무슨 말을 했는지 생각조차 나지 않는다. 그저 목사님처럼 목소리를 높여 흉내를 냈던 것이다. 지금 생각하면 분수를 모르는 철없는 짓이었지만 그때는 왜 그렇게 설교가 하고 싶었는지 모른다.

결국 목사가 되어 그 소원을 원 없이 풀고 있지만 그때를 떠올리면 부끄러운 마음이 들곤 한다.

목회자가 되려는 마음의 소원은 있었지만, 하나님의 부르심은 없었던 때였다. 그래서 하나님의 부르심을 뒤로 미루고 군에 입대할 수밖에 없었다.

그러나 하나님의 시간표대로 지금 나는 복음의 전방을 지키는 선교사요 목사가 되었다. 하나님께서는 하나님의 때에 하나님의 방법대로 기도를 들어 주시는 분임에 틀림이 없다.

아름다운 발

주님과의 뜨거운 첫사랑을 하던 시절, 나는 교회에서는 청년 회장, 학교에서는 기독학생회장의 직분을 맡고 있었다. 주님을 위해 뭐든지 하고 싶어 견딜 수가 없었다. 그래서 교회 청년들을 모아 함께 전도를 하기로 마음을 모았다. 마침 지하철이 막 생기기 시작한 때여서 우리는 주로 주말을 이용해서 버스나 지하철에서 만나는 사람들에게 복음을 전하기로 했다. 조를 편성하여 버스에 올라 가 한 사람이 전도지를 나누어주는 동안 버스 중간쯤에 서서 복음을 전했다.

"이 버스는 미아리로 향하는 버스입니다. 여러분은 지금 어디를 향하여 바쁘게 달려가고 계십니까? 우리는 인생길을 가는 나그네입니다. 그 인생이 끝나는 날 여러분이 돌아갈 곳은 어디입니까? 여러분, 하나님께로 돌아가야 합니다. 하나님께서 우리를 기다리시며 지금도 우리의 나그네 길에 함께 하십니다. 그 하나님은 당신을 사랑하십니다. 지금 결단하고 하나님께로 돌아오십시오."

부끄러움도 모르고 복음을 전하였다. 또 청년부를 지도하시던 이 목사님과 함께 남산에서도 전도를 하였다. 남산에는 바쁘게 길을 걸어가고 있는 사람들보다 느긋하게 산책을 하러 온 사람들이 많아서 전도하기가 참 좋았다. 지금처럼 사람들이 강팍하지도 않았고 또 전도자들을 대놓고 박대하지도 않았다.

또 대학 3학년 되던 해 여름, 해외선교선인 로고스호가 인천에 정박하여 그곳에서 전도훈련과 실습을 하게 되었다. 일주간의 훈련은 참으로 은혜로웠고 큰 도전을 받는 시간이었다. 그래서 훈련을 함께 받은 친구들과 그 해 크리스마스를 좀 더 의미 있게 보내기 위한 모임을 가졌다. 우리는 기도하며 생각하던 중 적극적인 전도를 하기로 했다. 크리스마스 전도 대를 조직하였다. 각자 얼마씩의 돈을 모아 전도지와 쪽 복음을 사 예쁘게 포장하였다. 그것을 들고 당시 개통한 지 얼마 되지 않은 지하철에서 3~4명이 한 팀을 이루어 전도를 시작하였다.

지금은 지하철 안에서 전도하는 사람들에 대한 이미지가 우호적이지를 못하다. 그러나 그 때는 전도자들을 바라보는 승객들의 시선이 지금과는 사뭇 달랐다. 그들은 대학생들을 존중하는 태도로 우리의 이야기를 경청해 주었다.

우리는 서로 손을 맞잡고 잠시 기도드린 후, 우리를 소개하고 양해를 구했다. 그리고 불신자들도 잘 아는 성탄 곡을 부르며 차 안의 분위기를 잡으면 승객들이 시선을 집중하였다.

곧 이어 한 친구가 크리스마스의 참된 의미가 되시는 예수님에 대해 소개하며 복음을 전했다. 그리고 준비했던 쪽 복음과 전도지를 얼마씩의 돈을 받고 팔았다. 대가를 치르고 얻은 것이라야 한 번이라도 읽혀 질 것 같았기 때문이다. 이 책 속에는 방황하는 인생에게 필요한 참 길이 제시되어 있다고 자신 있게 권했다.

많은 분들이 쪽 복음과 전도지를 사 주셨다. 그 때만 해도 사람들이 정말 순수했던 것 같다. 진리에 대해 알고자 진지했고 의미 있는 인생을 살고자 하는 좋은 마음 밭이었다. 거기서 얻은 돈을 불우한 이웃에게 전달하였다.

하나님께서는 버스에서, 지하철에서, 남산에서 전도하던 나를, 이제는 더 넓은 세계, 몽골의 형제들에게 복음을 전하는 사람이 되게 해 주셨다. 순수하고 열정적이던 나의 모습을 하나님께서 귀하게 보셨던 것 같다.

'전방에서 복음을 전하고 싶다'고 한 그 기도가 넘치게 이루어졌으니 정말 감사할 뿐이다. 그러므로 나는 또 내게 허락하신 땅 끝에서 그 때의 열정을 불러 일으켜 남은 세월동안 복음을 전할 것이다. 나를 불러 복음 전하는 아름다운 발로 삼으신 주님께 찬양 드린다.

보내심을 받지 아니하였으면
어찌 전파하리요 기록된 바 아름답도다
좋은 소식을 전하는 자들의 발이여
함과 같으니라 (로마서 10: 15)

살아계신 주

군에 입대하기 전까지 "복음을 전하는 최전방에 서게 해 주세요. 목사가 되고 싶습니다"라고 기도했지만 하나님의 응답은 없었다. 영적인 욕심은 있었지만 소명은 없었다. 목회자가 된다는 것은 영적인 욕심으로 되는 것이 아니라 하나님의 부르심으로 되는 것이다.

결국 부르심의 응답을 받지 못한 채, 군에 입대하여 운천에서 3년간의 군의관 생활을 하였다. 운천은 한탄강, 산정호수가 가까운 물 좋은 공기 좋고 경치 좋고 6. 25 타일랜드 참전용사들의 기념비가 세워져 있는 곳이었다. 장교들은 영외거주가 가능했기에 부대 밖에 있는 운천제일교회를 출석하게 되었다. 농촌교회는 일꾼들이 부족하기에 종치는 일에서부터 집사,

주일학교 부장 성가대원으로 교회를 섬기다가 나의 신앙의 한 획을 긋는 새로운 체험을 그곳에서 하게 되었다.

운천제일교회에 주일학교 교사로 섬기는 최 집사라는 분이 계셨다. 그분은 열심이 보통이 아니었다. 최 집사가 맡고 있는 반은 날이 갈수록 부흥하였다. 그래서 그를 눈여겨보게 되었고 그를 닮고 싶었다. 기도제목이 생겼다.

"하나님, 최 집사처럼 성령 충만한 사람이 되게 해주십시오."

그리고 또 한 가지의 기도제목은 결혼 준비였다.

제대를 하고 결혼을 하기엔 늦은 감이 있어 군 생활이 절반쯤 지났을 무렵 결혼 날짜를 잡은 것이다. 그래서 결혼을 앞두고 준비 기도를 하나님께 드리고 싶었다.

일 주일 간의 휴가를 얻어 부산 동래에 위치한 조용한 기독교수양관에서 금식하며 하나님께 기도드렸다. 생애 처음으로 드린 3일 간의 금식기도였다.

금식 3일째 되던 날에는 아침부터 찬송가 1장부터 끝까지 차례로 불렀다. 저녁에는 직장에서 퇴근하고 온 결혼할 자매와 함께 찬송하고 기도하였다. 그때 나는 성령의 불 같은 은사를 체험하였다. 기도하는 순간 입술이 저릿저릿 하고 몸이 조금 이상하다는 느낌이 드는 순간 마치 1만 볼트 이상의 전기가 내 몸에 흐르는 듯 강한 힘이 나를 사로잡았다. 너무 뜨거워

견딜 수 없어 뒹굴며 울부짖으며 기도했다. 그런데 그 뜨거움이 고통스러운 것이 아니라 내 영이 하나님의 품, 생명싸개 안에 싸인 것같이 너무도 포근하고 행복하였다. 할렐루야.

내 입에서 이상한 말이 튀어 나왔다. 그렇게도 바라던 성령의 은사를 받은 것이다. 바로 방언의 은사였다. 그 날 거룩하신 하나님의 영이 나 같은 죄인에게 임한 것이다. 최 집사에게 성령으로 임하신 하나님께서 내게도 그날 밤 강하게 당신의 임재를 알려주셨다.

"살아계신 주, 살아계신 주"

하나님의 은혜에 감격하여 나의 전부를 드리고 싶었다. 집으로 내려갈 버스 토큰 하나를 남긴 채 수중에 있던 돈을 모두 감사의 예물로 드렸다.

"내게 있는 모든 것을 아낌없이 바치네."

내가 가진 전부를 하나님께 드리고 또 드리고 싶었다. 아무것도 아까울 것이 없었다. 여태까지 경험하지 못한 체험이었다.

"주 날 위해 보배로운 피 흘리사 그 귀하신 생명까지 다 주시니 내 천한 몸 이 생명을 왜 아끼랴."

찬송가 가사처럼 다시금 나는 하나님께 헌신을 다짐했다.

수양관을 나서니 온 세상이 새롭게 보였다. 어제 본 그 나무가 내게는 새로운 나무요 어제 본 사람이 새로운 사람이 되어 다가왔다.

귀한 은혜를 체험하고 집으로 돌아와 텔레비전을 보고 계시는 아버지를 보는 순간 그 영혼이 너무 불쌍하게 느껴졌다. 그 때까지 아버지는 예수님을 알지 못했다. 나는 아버지를 보자마자 와락 껴안고 이렇게 말씀드렸다.

"아버지, 이제 저희와 함께 교회에 나가세요. 예수 믿으세요. 그러면 영생을 얻게 됩니다."

그리고 기도를 시작했다. 기도를 시작하자마자 방언기도가 또다시 터져 나왔다. 아버지께서는 휴가 나온 아들이 집에 오자마자 3일 동안 없어졌다가 나타나서는 알아들을 수도 없는 이상한 말을 하니 정신이 이상해진 줄 아셨던 것이다.

"그래 진정해라. 교회에 나가마. 진정해라, 내가 교회 가면 될 것 아니냐."

그 다음 주일부터 아버지께서 나를 진정시키려고 하신 말이었지만 당신이 말씀하신 대로 교회에 나오셨다.

그날 밤 아버지의 확답을 받은 후에 잠을 청하였지만 잠이 오지 않았다. 교회에가서 기도하고 싶어 견딜 수 없었다. 그 때에는 야간 통금제도가 실시되고 있던 때여서 밤늦게 다닐 수가 없었다. 눈을 뜨고 시계를 보면 겨우 5분이 지나있고 한참을 기다려 시계를 보면 또 10분, 얼마나 시간이 더디 가는지……

통금이 해제되자마자 집을 나서서 교회로 향했다. 교회에 도착하여 기도하려고 머리를 숙이니, 어제 임하신 그 불 같은 성령께서 다시금 온 몸에 임하셨다. 그리고 방언도 터져 나왔다. 그 때 우리 교회는 보수적인 분위기여서 새벽기도 시간에, 크게 방언으로 기도하는 것을 탐탁지 않게 여겼다.

나는 혀를 깨물며 절제하였지만 터져 나오는 방언을 막을 수 없었다.

"하나님 이제 그만 하세요. 하나님 이제 되었습니다. 하나님께서 살아 계심을 확실히 믿습니다"

불 같은 성령의 임재 가운데 나는 소리쳤다.

"살아계신 주! 살아계신 주!"

야곱이 잠이 깨어 이르되
여호와께서 과연 여기 계시거늘
내가 알지 못하였도다. (창세기 28 : 16)

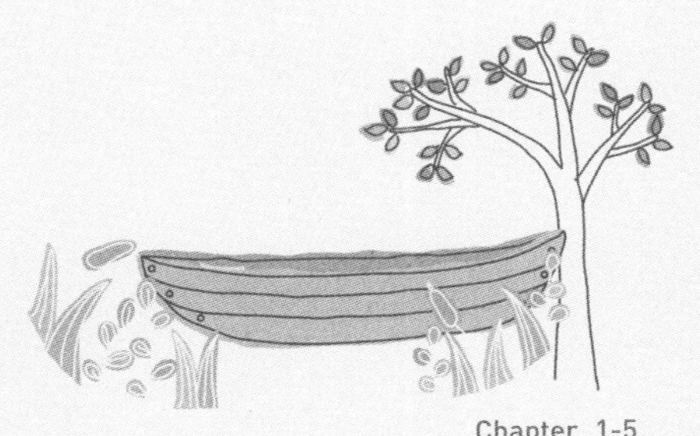

어린 신랑

고등학교 시절부터 10년 동안 교제해 온 이 선생과 결혼식을 올렸다. 결혼하기 전, 나와 아내는 기도원에서 함께 기도하면서 하나님의 임재하심을 체험하였고 앞으로 하나님의 영광을 위해 수입의 십일조를 드리고, 선교사들을 후원하는 삶을 살자고 약속했다.

아내는 일찍이 거창, 함양 등지에서 선교하시던 호주 선교사를 통해 외할아버지가 복음을 직접 받아들임으로 믿음의 뿌리가 깊은 본 교회 권사님의 딸이다.

아내는 대학생 때 이미 선교사로 나갈 것을 하나님께 서원한 적이 있는 나보다 더 적극적인 믿음의 사람이었다. 나는 배우자를 위해 기도할 때마다 함께 하나님의 복음 선교를 감당할 동역자를 주시기를 기도했다. 아내야말로 하나님께서 예비해놓으신 동역자임을 기도 가운데 확신케 되었다.

어려서부터 함께 믿음 안에서 자라온 거성교회에서 결혼식을 하였다. 우리를 어릴 때부터 지켜보시고 키워주신 전 목사님께서 주례를 해 주셨다.

"신랑은 신부 이영숙 양을 기쁠 때나 슬플 때나 한결같이 평생 사랑하겠느뇨?"

"아~멘."

하고 나는 큰 소리로 대답했다. 하객들이 와― 하고 웃었지만 나는 그것이 하나님 앞에서 의미 있는 서약이라고 생각했다. 평소에는 샌님처럼 잘 나서지도 못하는 성격이었는데 그때는 어디서 그런 용기가 생겼는지? 정말 내가 생각해도 잘 대답한 것 같아 지금도 그때를 떠올리면 기분이 좋아진다.

결혼 10주년이 되던 날 우리 부부는 결혼 전 우리가 드렸던 기도에 신실하게 응답하신 하나님을 찬양했다. 그 때 하나님께 기도한 것 이상으로 우리에게 놀라운 축복을 주셨기 때문이다. 그 때 계획하고 기록해 두기를 30대에 집을 사고, 40대에 병원을 자립하고, 교회에서 십일조를 가장 많이 하고, 십의 일만 아니라 2, 3까지 하기 원한다고 기도했다.

그 기도가 넘치도록 이루어졌다는 사실에 얼마나 놀랍고 감사했는지 모른다.

우리 부부를 보고 오누이 같다고 말하는 사람들이 많다.

실제로 비슷한 점이 많다. 나이가 같고, 같은 목사이고, 같은 의료인이고, 같은 교회 출신이고, 또 지독히도 가난했던 어린 시절과 학생시절을 보냈다는 공통점이 있다.

어느 날 우리는 누가 더 가난하게 살았는가에 대해 이야기를 하면서 내기를 하였는데 내가 지고 말았다.

부부는 외로운 나그네 길을 함께 걸어가는 친구이다. 함께 가려면 목적지가 같아야 한다. 부부는 함께 걸어가는 동반자요 동역자이기에 가치관, 인생관, 세계관이 비슷해야 한다. 그러기에 모든 것에 방향과 보폭이 같아야 한다. 한 사람은 빨리 걷고 한 사람은 천천히 걸어가면 보조가 맞질 않는다. 이런 면에서 하나님께로부터 지금까지 크게 벗어나지 않고 같은 길을 걷는 친구로 여기까지 걸어올 수 있었다. 그러므로 우리는 행복한 사람이요 축복받은 사람들이다.

우리 부부는 오늘도 몽골 선교지에서 같은 의료인으로 목회자로 서로의 부족한 부분을 채워주며 하나님께서 시키신 심부름을 잘 하기 위해 노력할 것이다.

하나님께서 외로운 선교지에서 기쁨과 고통을 함께 나누는 귀한 믿음의 동역자를 주심을 감사드린다.

고운 것도 거짓되고 아름다운 것도 헛되나

오직 여호와를 경외하는

여자는 칭찬을 받을 것이라 (잠언 31: 30)

할렐루야 치과

1979년 꽃피는 봄 4월에 제대를 했다. 본격적인 진로를 찾아야 하는 시점에 서 있었다. 성령의 불 같은 체험은 있었으나 여전히 목회자로서의 하나님의 부르심은 없었다. 그래서 전공대로 치과의원을 개업하기로 했다. 그러나 개원할 자금이 한 푼도 없었기에 막상 무엇을 어디서부터 시작해야 할지 막막하기만 했다. 6년간의 학업도 거의 고학으로 마쳤고 부모님을 의지할 형편은 더더욱 아니었다. 그렇다고 돈을 빌릴 곳도 없었다. 친구들은 병원에 취직을 해서 조금이라도 돈이 모아지면 개업을 하는 것이 좋겠다고 충고해 주었다. 어떻게 해야 하나 막막해 하던 중 로버트 슐러 목사가 지은 〈불가능은 없다〉라는 책을 읽게 되었다.

"내게 능력 주시는 자 안에서 내가 모든 것을 할 수 있느니라(빌 4:13)."

그렇다. '나에게는 없는 것보다 있는 것이 더 많지 않은가? 하나님께서 나와 함께 계시고, 젊음이 있고, 치과의사 면허증이 있고, 건강이 있지 않은가. 환경을 바라보지 말고 하나님을 바라보자.'

기도하는 가운데 자신감이 생겨 무조건 밀고 나가기로 했다.

하나님께서 어디에 개원을 해야 할 지 장소를 보여 주시기를 바라며 부산 시내 중심에 있는 용두산 공원에 올라갔다. 부산 시내가 내려다보이는 그곳에서 마치 갈 바를 알지 못하고 길을 떠나야 했던 아브라함의 심정으로 동서남북을 바라보며 기도하였다.

"하나님 어디로 가면 좋을까요?"

나는 공부를 하던 학생시절에도 개원을 한다면 가난한 사람들이 사는 곳에서 해야지 하는 막연한 생각을 하곤 했었다. 부산 시내에서 가난한 사람들이 정착하여 살고 있는 곳, 당시 무허가로 살고 있던 사람들을 구제하기 위해 시작된 정책 이주민들을 위한 동네가 있었다.

그래서 '정책 이주민 거주지'인 서동으로 개원 장소를 정하게 되었다. 개원 장소가 정해지자 누군가 돈을 대줄 사람이 있는 듯이 서동의 상가 임대 건물을 들러보고 다녔다. 그러나 임대하는 건물이 없었다. 돈만 있으면 왜 들어갈 곳이 없을까마는 돈 없이 들어갈 곳을 찾으니 그럴 수밖에 없었을 것이다. 우연히 어느 다방에 들렀다가 이런 다방이면 도배만 해도 병원을 개원할 수 있을 것 같아 주인에게 다방을 넘길 생각이 있으면 연락하라고 연락처를 주고 왔다. 그런데 며칠 후 다방을 양도하겠다고 연락이 왔다. 중도금도 잔금도 없이 건물주와 겨우 계약을 했다. 병원 시설과 장비에 필요한 자금도 없었다. 믿음이 아니라면 이런 나를 동키호테라고 말할 수밖에 없을 것이다.

그러나 하나님께서 주위의 사람들을 통해 자금을 빌려 주셔서 병원 흉내를 낸 치과를 개원하게 되었다. 믿음으로 상호를 '할렐루야 치과'라고 정했다. 평생 하나님의 영광을 위해 살려는 내 마음을 상호에 담았다. 목사가 되고 싶었고 복음의 전방에 서고 싶었던 터라 목회자가 된 심정으로 병원을 경영하고 싶었다. 그래서 실력보다는 믿음이 좋은 간호사를 채용하고 매일 근무를 시작하기 전, 직원들과 함께 예배하고, 하루 종일 병원 실내에 찬송을 틀어놓고, 교회 분위기가 나는 치과의원을 개원하게 되었다.

개원은 성공적이었다. 무엇보다 주민들의 서민적인 생활이 나에게 맞았다. 매주 수요일은 무료 진료일로 정하여 진료를 했다. 그것이 이곳에 개원한 이유이고 하나님 앞에서 조금이라도 사랑의 빚을 갚는 일이라고 여겼기 때문이었다.

그런데 정말 재미있는 것은 그 때 마침 '할렐루야'라고 이름한 프로 축구단이 생긴 일이다. 병원을 이용하는 사람들 중에 연세 드신 분들은 '할렐루야'라는 치과 상호를 정확하게 발음하는 사람이 거의 없었다. 그래서

‘할렐’ 까지만 겨우 발음을 하면 그 후에는 자기 혀가 쉽게 움직이는 대로 나머지 이름을 붙이는 지경이었다. 그런데 우리 치과가 자연스럽게 홍보될 줄이야.

축구 경기가 있을 때마다 중계방송을 통해, 아나운서나 해설자들이 ‘할렐루야’ ‘할렐루야’ 하며 축구 팀를 선전해 주니 광고비를 따로 들이지 않고도 덩달아 우리 치과가 홍보되는 효과를 보게 된 것이다.

“주여 저에게 주신 이 치과의술을 통하여 만나게 하시는 많은 사람들에게 주님의 사랑을 베풀게 하시고, 그들의 치아뿐 아니라 그들의 영혼을 어루만져 줄 수 있는 사람이 되게 하소서.”

**그런즉 너희가 먹든지 마시든지
무엇을 하든지 다
하나님의 영광을 위하여 하라. (고린도전서 10: 31)**

보내는 선교사

할렐루야 치과는 하나님의 은혜로 부산에서 유명한 치과로 성장해 갔다. 많은 사람들이 우리 병원에 오면 이구동성 분위기가 좋다고 했다. 믿음에 대해 먼저 관심 갖는 사람들도 많았다. 그 당시 정기적으로 기독교 방송국에 나가 치과상담을 한 영향 때문인지 저녁 늦은 시간까지 환자를 볼 정도였다.

하루 동안 진료하는 환자 수를 말하면, 야만인 소리 듣는다고 아내가 말할 정도였다. 덕분에 개원하느라 지게 된 빚도 생각보다 빨리 갚을 수 있었다. 그 후 아내는 가까운 곳에 '할렐루야 약국' 을 열어 가정 경제도 점점 나아졌다. 그리고 나와 아내는 결혼 전 하나님께 약속한 대로 수입의 십일조를 드리는 외에 선교 지향적 삶을 살자고 한 약속을 실행에 옮기기로 했다.

특히 아내는 처녀 때, '선교사' 서원을 지키지 못해 하나님께 죄송한 마음을 가지고 있었다. 그래서 우리는 선교사 한 분의 생활비 전액을 부담하되, 우리 이름으로가 아닌 교회를 통하여 후원하기로 하고 목사님께 말씀드렸다.

몇 주 후 목사님에게서 연락이 왔다.

"총회 세계선교부를 통해서 한 분을 추천 받았는데 참 이상하네요. 그 선교사님 성함이 장로님과 똑같아요."

성과 이름이 나와 같은 선교사를 후원하게 되어 마치 내가 복음의 최전방으로 가는 마음이 들었다. 하나님께서는 참 재미있는 분이시다. 허 씨라는 성이 흔한 것도 아니고 내 이름이 그렇게 흔한 이름도 아닌데 말이다. 후에 알고 보니 그 선교사님과의 나이 차도 한 살밖에 되지 않으니 정말 신기할 뿐이었다.

허 선교사님을 매달 후원하는 일은 참으로 즐거웠다. 같은 이름을 가진 우리는 주 안에서 동역자가 된 것이다. '병원이 잘 운영되지 않으면 선교사님의 사역에도 지장이 생기니 하나님께서 우리 병원을 축복해 주셔야 한다'고 우리 가족은 물론이고 병원 직원, 거성교회 모든 성도들이 합심하여 기도해 주었다.

하나님의 관심은 어제나 오늘이나 동일하시다. 그것은 온 세계가, 모든 사람이 주님께 돌아와 하나님이 주신 영원한 생명을 함께 누리는 것이다. 잃은 양들을 향한 하나님의 심정으로 우리는 안디옥 교회와 같은 선교 지향적인 삶을 사는 성도가 되어야 할 것이다. 안디옥 교회는 '보내는 선교' 사역을 잘 감당하는 교회였다.

한국 교회는 수많은 외국 선교사들이 흘린 순교의 피 위에 세워졌다. 그 순교의 피 때문에 한국 교회가 부흥한 것이다. 그러므로 조금이나마 복음의 빚을 갚으려고 우리는 '보내는 선교사'가 되었다.

"주를 섬겨 금식할 때에 성령이 이르시되 내가 불러 시키는 일을 위하여 바나바와 사울을 따로 세우라 하시니 이에 금식하며 기도하고 두 사람에게 안수하여 보내니라"(행 13:2~3)

보내심을 받지 아니하였으면
어찌 전파하리요 (로마서 10:15)

Chapter 2

가는 선교사

부르심

1999년도는 한 세기를 마감하는 의미 있는 해였듯 나에게 있어서도 의미 있는 해였다.

1997년도에 불어 닥친 IMF 사태의 여파로 수많은 회사가 부도가 나 실직자들은 계속 늘어났다. 급기야 거리에는 오갈 데 없는 노숙자들로 넘쳐 났다. 이를 관망할 수 없어 정부에서는 각 종교기관들을 중심으로 넘쳐나는 노숙자들을 위한 쉼터를 운영해 줄 것을 부탁하였다.

우리 서동에도 두레마을에서 소외된 사람들을 섬기는 훈련을 받은 전도사님이 내려 오셔서 노숙자 쉼터를 열었다. 평소 나와 친분이 있던 이 전도사님은 노숙자 쉼터를 열었으니 한번 찾아오라는 말씀을 하셨다. 나는 일이 바쁘다는 핑계로 차일피일 방문을 미루고 있었다.

병원을 개업한 후, 결심한 대로 선교단체나 선교사를 후원하는 일을 조금씩 해 나갔다. 그즈음 청소년 전도 단체인 YFC를 후원하는 일에 참여하게 되었고 부이사장으로서 부산 YFC 대표이신 박 장로님과 함께 청소년들을 섬기고 있었다. 박 대표는 언양에 있는 자연휴양림을 매입하여 청소년을 위한 수양시설을 조성하려 하였다. 그 일을 위해 나는 재정 보증을 서게 되었다. 그런데 우리나라에 불어 닥친 경제 한파로 인해 수련원이 채 완공이 되기도 전에 심각한 위기를 맞았다. 나를 포함한 연대 보증을 선 몇몇 사람들이 보증보험에 채무자가 되어 담보로 잡힌 집이나 재산을 내놓아야 할 지경에 이르렀다. 이 일을 겪으면서 나 자신은 물론 가족들의 건강도 심각한 지경에 이르러 새벽마다 부르짖어 기도할 수밖에 없었다.

어느 날 새벽기도를 하는 중 하나님께서 이렇게 물으셨다.

"이 전도사가 노숙자 쉼터를 열었는데 한 번 찾아가 보지 그랬니?"

"너무 바빠서 가보지 못했어요. 죄송해요."

'죽는 일보다 더 바쁜 일이 있을까? 사람이 죽으면 뭘 할 수 있겠어?'

내 마음 속에서 스스로 주고받은 말같았으나, 기도 중 하나님께서 내게 하신 말씀임에 틀림이 없었다.

나는 그날 바로 이 전도사님이 사역하는 쉼터를 찾아 가보기로 했다. 오전에 전화를 드렸더니 전도사님께서는 반색을 하면서 기다리겠다고 하셨다. 오전 환자 진료를 마치고 점심시간을 이용해 택시를 타고 잠시 그 곳을 찾았다.

쉼터는 이층집을 빌려 운영하고 있었고 30여 명의 노숙자들이 모여 있었다. 그런데 그 곳에 들어서는 순간 이상하게도 그 사람들이 내 눈에는 양들이 무리지어 있는 모습으로 비쳐졌다. 왜 그렇게 보이는 것일까? 그 모양이 한 없이 처량하고 불쌍하게 여겨졌다. 경제 한파로 인해 하루아침에 직장도, 집도 잃어버리고 사랑하는 가족을 떠나 이리저리 떠돌이로 살다가 이 막장까지 밀려온 곳이 먹여주고 재워주는 이 쉼터였던 것이다.

전도사님은 "이 동네에 사는 치과 선생님이신데 여러분의 상담자가 되어주실 것입니다"라고 나를 그들에게 소개했다. 그리곤 나에게 한마디 인사를 하라고 시키셨다. 딱히 할 말이 생각나지 않아 그들의 처지를 생각하며 가수 최희준의 노래인 '하숙생'을 인사 대신 부르기로 하였다. 찬송가를 부르는 것보다 가요가 더 그들의 공감을 살 것 같기도 해서였다.

"인생은 나그네 길 어디서 왔다가 어디로 가는가? 구름이 흘러가듯 떠돌다 가는 길에……"

노래하는 도중에 많은 노숙자 형제들이 훌쩍 거렸다. 그리고 전도사님도 '흑' 하면서 얼굴을 감싸고 자기 방으로 뛰어 들어가 버렸다. 나중에 전도사님께 물어보았다.

"아니 내가 노래를 그렇게 잘 불렀어요? 왜 그러세요?"

"아니요. 저도 노숙자들의 처지를 안타깝게 여겨 생각 없이 이 일을 시작했지만 시작하고 보니 그게 아니었어요. 여자로서는 정말 감당하기 힘든 일이 너무 많아요. 내 말은 아무 권위도 없고 힘도 없어요. 대부분이 삶에 대한 희망이 없는 사람들이어서 툭하면 술 마시고 싸우고 피 흘리고 경찰을 부르고 하는 일들이어서 저로서는 너무 감당하기 힘들었어요. 그래서 지금 일주일째 금식 기도하는 중이었고 오늘이 끝나는 날이에요. '이 일을 그만 두게 해 주시든지 아니면 함께할 사람을 보내주세요' 라고 기도했는데 장로님께서 노래를 부르시는 순간 하나님께서 '이 사람이야' 라고 말씀하시는 것 같았어요. 저도 모르게 눈물이 쏟아지는 걸 어떡합니까?"

이 일을 위해 하나님께서 나를 부르셨음을 깨달았다. 나는 전도사님의 허락을 받아 새벽시간 그들에게 하나님의 말씀을 전하고 새벽기도 모임을 인도하기로 했다.

다음 날 바로 거성교회에서 5시 새벽기도회를 마치고 급히 달려와 6시부터는 노숙자들과 함께 새벽예배를 드리게 되었다. 믿음에 있어서 생짜인 그들이 새벽에 성경말씀을 들으며 예배드린다는 것이 생소했겠지만 이 시간이 하루 종일 할 일도 없는 이들에게 한없는 위로와 치유의 시간이었다는 것을 나중에 알 수 있었다. 하나님의 말씀은 살았고 운동력이 있다는 것을 경험하게 된 것도 노숙자 형제들과의 이 시간을 통해서였다.

새벽마다 말씀을 전하는 일은 정말 신나는 일이었다. 입대하기 전 고등부 학생들에게 설교하게 해달라고 목사님을 졸랐던 나에게 치과 의사보다는 설교자의 은사가 더 있었는지도 모른다. 그리고 아침마다 말씀을 전하면서 나 자신이 더 은혜를 받았다.

이러한 생활이 일 년 동안 계속되었다. 하루는 병원으로 한 노숙자 형제가 찾아왔다.

"장로님, 제가 이제껏 장로님 말씀을 들으면서 이제는 집으로 돌아갈 용기가 생겼습니다. 가서 우리 가정을 다시 세울 결심을 했습니다. 돌아가는 길에 인사드리러 왔어요. 고맙습니다."

'하나님의 말씀의 역사가 얼마나 놀라운가? 말씀만이 사람을 변화시킨다. 그래 나도 말씀의 종이 되자.'

그 형제의 방문이 바로 나를 부르시는 하나님의 음성이었다.

그즈음 한 사건이 발생했다. 우리 병원 가까이에 교정 전문의로 개업에 성공하신 선배님이 한 분 계셨다. 그 분은 치과 건물도 크게 지었고 환자도 많았다. 세상 적으로 성공한 치과의사였다. 그런데 그 분이 골프를 치고 오다가 그만 마주 오는 차와 정면충돌하여 갑작스럽게 세상을 떠나시고 말았다. 그의 병원 건물을 쳐다보았다. 허무했다.

"목숨을 잃으면 이 모든 것이 누구의 것이 되겠느냐?"

"세상에 영원한 것은 없다."

내 속에서 하나님의 음성이 들렸다. 하나님의 부르심은 분명했다.

더 늦기 전에 아내에게 내 마음을 이야기했다.

"여보 나 신학을 하고 싶은데 어쩌지?"

사실 아내는 일찍이 선교사 서원을 했지만 방향을 돌려 나와 결혼을 한 터였다. 그러므로 늘 하나님께 갚아야 할 서원 때문에 마음이 무거웠을 것이다. 어떤 방법으로라도 그 빚을 갚을 수 있기를 바라고 있었다. 아내는 흔쾌히 동의했고 게다가 함께 신학교를 가고 싶어 했다. 우리는 부산 신학교 야간부에 편입을 하였다.

나이 들어 하는 공부, 만학이 그렇게 재미있을 수가 없다는 것을 알게 되었다. 각자 하던 일을 멈추고 학교에 갈 때마다 마치 소풍을 가는 기분이었다. 차 안에서 저녁도 해결하고 학교에 가면 사실 1/3은 비몽사몽간에 하는 공부였지만 교회에서 읽고 듣고 배웠던 성경말씀을 더 깊이 이해하는 법을 배우는 재미가 정말 쏠쏠했다.

재미있고 신나는 일 년이 순식간에 지나갔다.

추석을 코앞에 둔 어느 날 문득 수업을 받고 있던 중 '신학을 할 바에야 서울에서 본격적으로 하는 게 좋지 않을까?' 성령께서 갑자기 나의 마음을

흔드셨다. '공부하는 것보다 더 급한 일이다. 속히 담임목사님께 전화해라.'

나는 그 음성을 듣고 목사님께 전화를 드렸다. 목사님께서는 나의 신학 계획에 대해서 처음에는 반대하셨다.

"목사들은 너무 많습니다. 장로님처럼 귀한 분들이 평신도로서 교회를 섬기는 일도 중요합니다."

"제게는 목회에 대한 부르심이 있는 것 같습니다. 어떻게 하면 되겠습니까?"

목사님은 마지못해 나의 계획에 동의해 주셨다.

"노회고시를 치러야 신학교에 원서를 제출할 수 있습니다."

나는 장로로 오래 시무했으면서도 노회고시를 치러야 한다는 사실도 모르고 있었다.

"노회 고시 접수 기간이 지난 것 같은데 제가 한 번 알아보지요."

이렇게 하여 아내와 나는 노회고시를 치르고 광나루에 위치한 장로회 신학대학에 입학하게 되었다. 하나님의 은혜로 본격적인 신학생이 된 것이다.

하나님께서는 하나님의 일을 위하여 하나님의 때에 사람을 부르신다.

모세를 부르신 하나님, 사무엘을 부르신 하나님, 바울을 부르신 하나님께서는 오늘도 사람을 부르고 계신다.

하나님은 우리를 구원의 자리로 부르시고 직장의 자리, 사역의 자리로 부르시고 마지막으로 천국으로 부르신다.

하나님의 부르심에 순종하는 삶을 살자.

여호와께서 그가 보려고 돌이켜 오는 것을
보신지라 하나님이 떨기나무 가운데서 그를 불러
이르시되 모세야 모세야 하시매
그가 이르되 내가 여기 있나이다. (출애굽기 3: 4)

부부 신학생

장로회 신학대학교 특별전형에 원서를 제출하기는 했지만 이 학교에 합격하는 일이 쉬운 일은 아니었다. 경쟁률이 4.5대 일로 합격하기 힘든 학교였다. 나의 나이가 50세였으므로 특별전형으로 입시를 치렀는데 대부분 외국에서 신학이나 다른 분야의 박사학위 소지자들이 지원하는 전형이었다.

먼저 서류접수를 하고 그 후 면접으로 종합 점수화하여 합격자를 가리는 전형이다. 우리는 함께 기도하였다. 면접 때는 교수님들 앞에서 "저희는 선교사 지망생입니다. 합격시켜주세요" 하고 부탁드렸다.

감사하게도 하나님의 은혜로 수석으로 합격을 하였다. 이렇게 하여 서울과 부산을 오가는 유학생활이 시작되었다. 병원은 다른 선생님께 맡기고 금요일까지 서울에서 수업을 하고 저녁에 서둘러 부산으로 내려와서 토요일에는 환자를 보고 주일에는 청년회에서 사역하였다.

한 주일의 시간표가 서울을 오가며 학업과 생업, 교회 사역으로 채워져 바쁜 생활이었지만 힘들다는 생각이 들지는 않았다.

그런데, 어머니의 반대가 너무 심했다. 어머니께서는 아들이 돈 잘 버는(?) 치과의사가 된 것에 만족하고 계셨다. 그동안 고생하시며 누리지 못한 것을 누리시면서 사람들에게 자랑도 하는 맛에 지나온 세월을 보상받는다고 여기셨을 것이다. 그런데 아들, 며느리 둘 다 신학을 한다고 하니 제정신이 아니라고 여기신 것이 당연한 일이었다. 작은 아들을 하나님께 드렸으면 되지 왜 큰 아들까지 빼앗겨야 하느냐 여기셨는지 바람 든 아들을 어떻게 해서라도 돌려놓으려고 어머니 나름대로의 온갖 방법을 동원하셨다. 우리에게 윽박지르기도 협박하기도 하셨다. 나중에는 목사님을 찾아가

"허 장로 맘 좀 돌려놓아주세요." 하며 사정을 하기도 하시며 나를 힘들게 하셨다. 그리고는 우리 부부를 불러 최후통첩을 하셨다.

"너희들이 목사가 되겠다는데 꼭 목사가 되어야 천국에 가느냐? 왜 그렇게 별나게 살려고 하느냐? 나는 절대로 허락할 수 없다. 꼭 가겠다면 부모와 자식의 연을 끊어버리고 가거라."

어머니는 단호하셨다. 70세가 되셨을 때에 손수 만들어 놓으신 당신의 수의를 꺼내 놓으시며

"정 내 말을 듣지 않고 너희 마음대로 하겠다면 이 수의에 앞으로 손도 댈 수 없다. 내 말을 듣지 않는 자식은 내 자식이 아니다."

정말 괴로웠다. 우리의 이런 행동은 비단 어머니뿐 아니라 주위의 성도들조차도 이해하기 어려웠을 것이다. 어쨌든 어머니와의 화해가 최우선이었다.

"어머님, 지금까지 저희가 어머님의 말씀을 듣지 않은 적이 있었습니까. 이 일은 하나님의 명령입니다. 어머님께서 저희 대대장이시라면 사단장이신 하나님의 명령이 더 우선입니다. 우리가 그 명령에 따르도록 도와주세요."

"시끄럽다."

어머니를 설득하는 일은 쉽지 않았다. 어머니를 좀 고통스럽게 둔 채로 우리의 공부는 그렇게 진행되었다.

오십이 되어 시작한 신학공부는 아주 재미있었다. 나는 대학 시절 그렇게 하고 싶었던 신학을 하게 된 기쁨으로, 아내는 20여 년 전 서원했던 선교사의 약속을 이제야 이루게 되려나 하는 기대감으로 우리 부부는 열심히 공부했다. 기차를 타고 서울과 부산을 오가는 동안 차창을 통해 펼쳐지는 풍경도 빠르게 변하고 있었다. 모심기를 본 것이 엊그제 같은데 벌써 가을

의 황금빛 들판을 바라보고 있었다.

헐떡이며 달리는 철마처럼 3년의 세월도 그렇게 빠르게 지나가고 졸업을 며칠 앞둔 어느 날 어머니는 우리의 신학교 졸업식에 참석하시겠다고 말씀하셨다.

"그 동안 가족들 돌본다고 너희들이 원하던 일도 못했을터인데 이제는 너희들 하고 싶은 대로 살아 보아라."

어머니와 온 가족이 함께하는 가운데 우리는 은혜 가운데 신학교 졸업식을 마쳤다. 세월과 함께 어머니의 신앙도 변하고 있었다.

아들도 며느리도 목사인 것을 은근히 자랑하시는 어머니로 바뀌셨다.

신대원을 졸업하고 나는 교회에서 15년 동안 섬기던 장로, 그리고 아내는 권사 사직서를 제출하였다. 거성교회는 감사하게도 나이 많은 우리를 전임전도사로 시무하게 해 주었다. 나는 청년부 지도 전도사로 그리고 아내는 고등부 전도사로 사역을 감당하게 되었다.

2년의 전임 사역 기간이 끝나갈 무렵 우리는 본격적으로 선교지 물색에 나섰다. 주어진 휴가 기간에 우즈베키스탄, 몽골 등을 돌아보았다. 그리고 전에 가보았던 동남아시아의 태국이나 말레이시아, 싱가포르, 필리핀 등의 나라를 두고 기도하였다. 아내는 목사가 들어갈 수 없는 나라에 전문인 자격으로 우리가 가야하지 않겠느냐, 아프리카도 좋을 것 같다는 의견을 내기도 하였다. 하지만 내 생각은 좀 달랐다.

언어습득이나 문화 등 적응하는 데 너무 시간이 많이 걸리는 곳은 피하고 우리나라와의 거리가 가까워 본국의 지원을 받기가 좀 편리한 곳이 좋을 것 같았다. 그래서 최종적으로 내린 결론은 우리끼리 합의가 되고 후원교회가 동의하는 곳으로 정하기로 했다.

몽골은 우리가 돌아보았던 곳 중에서 그런 조건에 가장 적합한 곳이었다. 기후가 추워서 고생이 좀 될 것 같았지만, 우선 사람들이 우리와 생김새가 비슷하고 어순이 같은 우랄 알타이어 계통의 언어에, 한국에 대해 좋은 이미지를 가지고 있는 나라였다. 무엇보다 마침 연세친선병원의 치과에 과장이 필요한 상태였다.

우즈베키스탄에 갔더니 열방병원 치과가 잘 운영되고 있었다. 그러나 몽골에는 마침 연세친선병원에서 한국인 치과의사를 구하고 있는 중이었다. 그리고 여러 면에서 내 마음에 몽골이 적합하다고 생각되어 아내에게 '몽골' 이라고 하니 아내도 동의하고, 후원교회인 거성교회도 몽골이 좋겠다고 하여 선교지는 몽골로 정해졌다.

그런데 아직도 해결되지 못한 문제가 있었다. 그것은 어머니였다. 어머니는 혹시 우리가 선교사로 갈까 보아, 또 목사님을 만나서 국내목회는 허락하겠으나 선교사로 외국에 가는 일은 막아달라고 부탁하셨다. 사실 신학을 공부하고 병원을 그만둔 것까지 양보하신 것도 대단한 일 아닌가?

난감한 일이었다. 그런데 그 때 김선일 사건이 일어났다. 그가 이라크에서 순교한 사건이 큰 이슈가 되던 때였다. 어머니는 매스컴에서 이 사건을 보시고 선교 때문에 아들과 헤어져야 한다는 것도 용납할 수 없는 일이지만 외국에 나가면 죽을 것이라고 생각하셨다.

그런데 하나님께서 오히려 이 사건으로 어머니의 마음을 조금씩 갈아엎어 주셨다. 고 김선일 선교사 장례식을 부산 사직 운동장에서 거행했는데, 마침 노인정 친구 분들과 함께 그 장례식에 참여하신 것이다. 그 날 저녁 어머니께서는 나에게

"오늘 김 누구 선교사라는 사람의 장례식에 갔다 왔는데, 그 장례식이 어마어마하더라. 대통령 장례식보다 더 볼만 하더라. 선교사가 대단한 사람인가 보더라"라고 하셨다. 어머니께서 이제 선교사의 모습을 긍정적으로 보기 시작했다는 생각이 들었다. 그리고 어머니를 안심시킬 방법이 필요했다.

"어머니 저와 같이 외국여행 한번 하시겠어요?"

여행을 아주 좋아 하시는 어머니는 좋아라 하시며 몽골 선교지 방문 여행에 동행하셨다. 나중에 하신 말씀이지만 그 때 벌써 눈치 빠른 어머니는 선교지를 보여 주기 위해 간다는 것을 아셨다고 하셨다.

우리 어머니는 여행을 무척 좋아 하신다. 그것도 세상에서 가장 사랑하고 좋아하는 아들과 함께하는 여행이니 얼마나 좋으시겠는가.

어머니의 칠순에 병원을 한 달간 비우고 함께 미국, 칠레, 페루, 하와이 등을 다녀온 적이 있었다.

어머니와 함께 몽골로 여행을 떠났다. 7월의 몽골 초원은 정말 아름답고 평화로웠다. 무엇보다도 연세친선병원의 한국인 원장님은 우리 모자를 당신 집에 초대하셔서 극진히 대접해 주었다. 한인교회 목사님도 모친, 모친 하면서 차를 태워 몽골 투어를 시켜 주셨다. 그리고 선교사로 오시면 좋겠다고 간곡하게 권해 주셨다.

직접 몽골을 보신 어머니는 선교지에 대한 막연한 두려움이 사라지게 되었고 우리들에 대한 마음도 열려지게 되었다. 작전은 성공이었다.

"너 이 나라에 선교사로 오려는 것이지?" "그래 꼭 일 년이다. 일 년간만 허락한다."

할렐루야! 출애굽 하려던 이스라엘 백성이 바로에게 허락 받은 내용이 사흘 길쯤 가서 하나님께 제사하는 것이 아니었던가? 그 길이 영영 애굽의 속박에서 벗어나던 길이 아니었던가? 선교지와 후원교회가 결정되고 총회 선교사로 인선을 받은 우리는 선교지 몽골을 향해 출발준비를 하게 되었다.

하나님의 일은 하나님께서 하신다.

우리가 하나님의 부름에 순종하기만 하면 하나님께서 친히 그 길을 인도하신다.

우리가 알거니와 하나님을 사랑하는 자
곧 그의 뜻대로 부르심을 입은 자들에게는
모든 것이 합력하여
선을 이루느니라 (로마서 8: 28)

가는 선교사

부산 남 노회에서 목사 안수를 받았다. 안수 식에서 동생 허 목사가 다른 위원들과 함께 안수위원으로 안수하여 주었다. 동생은 "내가 형님의 신학교 20년 선배입니다. 선배를 잘 모시세요. 형님, 좋은 목사가 되십시오"라며 마음을 다해 축하해 주었다.

목사가 되기까지 결코 쉽지 않았다. 목회자로 부름을 받아야 하고 대학을 졸업한 후 3년간 신학공부를 마치고 목사고시에 합격해야 했다. 목사고시도 나에겐 얼마나 어려운지 재수를 한 후에 합격을 하였다. 그리고 교회에서 전도사로 2년 간 시무한 후에 목사안수를 받았다. 목사직은 생계를 위한 직이 아니라 교회를 위해 하나님께서 특별히 세우시는 직이다. 목사는 하나님을 위한 종이요 양들을 위한 종이다. 그러므로 목사는 말씀의 종, 기도의 종이 되어야 한다. 안수 받던 날, 지금까지 인도하신 하나님의 은혜를 생각하며 나는 감격의 눈물을 흘렸다. 그리고 주님 앞에 나의 남은 삶을 선교사로서 살 것을 재 헌신했다.

대학교 졸업반 때 신학교에 가기 위해 기도했지만, 하나님께서는 허락하지 않으시다가, 하나님의 때에 하나님의 방법으로 인도하셨다. 29년이 지난 후에 나의 기도를 들어주신 하나님!

54세의 나이로 거성교회에서 총회 선교사 파송을 받았다. 총회 선교부 총무와 다른 목사님들이 오셔서 축하해 주셨다. 총회에서는 나와 아내에게 선교사 파송 장을 주었다. 나를 어릴 때부터 지금까지 키워준 거성교회는 후원교회가 되었다. 총회 파송 선교사가 되는 일도 쉬운 일이 아니었다. 40세 이상인 자는 목회자 선교사로 파송을 받지 못한다. 언어를 배우기 위해선 젊은 선교사가 필요하기 때문이다. 그러나 나는 전문인 선교사 자격으로 파송을 받았다. 파송을 받기 위해 총회 인선위원회에서 선교사 인선을 받고 부부가 함께 몇 개월 간 선교사 훈련을 마쳤다.

9년간 '보내는 선교사'의 일을 감당했는데 이제는 '가는 선교사'가 되었다. 이제는 선교지 몽골로 가는 일만 남았다. 20피트 컨테이너에 살림살이를 실었다. 결혼 27년 동안의 살림살이가 어찌 그리 많은지 살림살이를 정리하는 일이 쉽지 않았다. 몽골로 가지고 갈 살림살이를 컨테이너에 가득 실어보니, 우리가 그 동안 얼마나 많이 소유하며 살아 왔는지 알 것 같았다.

아브라함이 본토 친척 아비 집을 떠난 것처럼 부모와 친척, 친구들을 떠나 낯선 몽골로 떠난다. 이는 내가 죽어 이 땅을 떠날 연습을 미리 해 보는 것이리라 생각했다. 그 동안 함께 해 온 많은 사람들이 섭섭해 하셨다. 그중 가장 섭섭해 하신 분은 역시 어머니셨다.

서울 유학시절 6년 군 복무 시절 3년 동안 혼자 떼어놓기에 늘 불안해 하셨던 어머니는 이제 아들을 낯선 이국 땅으로 보내야 하는 처지가 되었다.

몽골의 겨울이 너무 추우니 추위가 조금 풀리는 2월이나 3월에 떠나는 것이 좋겠다고 충고하는 사람들도 있었다. 그러나 선교지를 향한 우리의 마음이 너무 간절하여 지체할 수 없었다.

섭섭해 하는 가족과 친지들을 뒤로 한 채 2005년 1월8일 우리는 드디어 선교지 몽골을 향하여 출발했다. 몽골에 대한 책을 많이 읽고 준비했지만 내가 찾아가는 실제의 몽골은 어떠할까? 혹독한 추위를 어떻게 적응할까? 우리는 여러 가지 생각을 하면서 비행기에 몸을 실었다.

그러므로 너희는 가서 모든 민족을 제자로
삼아 아버지와 아들과 성령의 이름으로
세례를 베풀고 (마태복음 28: 19)

몽골의 하늘과 땅

인천 공항을 출발한 지 3시간 30분 만에 몽골의 수도 울란바타르에 도착했다. 바깥 기온은 영하 30도, 겨울의 한가운데로 우리가 들어온 것이다. 울란바타르 한인교회 안광표 목사님과 연세친선병원 박돈상 원장님을 비롯한 직원들이 늦은 시각인데도 공항에 나와 우리를 환영해 주었다. 후레 대학교 김영권 총장님은 "밤새 이가 아파서 고생하며 허 목사님을 기다렸습니다. 내일 치과에 가겠습니다."고 해서 공항에 도착하자마자 첫 환자 예약을 했다. 하나님께서 나를 왜 몽골로 보내셨는지 알 것 같았다.

박 원장님은 우리를 위해 어렵사리 당신이 살고 계시는 아파트 하나를 소개해 주셨다. 임대료는 월 300달러. 국민 소득에 비하여 정말 집세가 비싸게 느껴졌다. 어지간한 수입이 아니면 아파트 생활은 꿈도 꿀 수 없는 곳이 몽골이다.

실제로 대부분의 사람들이 수도에 살면서도 게르라고 하는 천막집에 기거하는 형편이다. 몽골에는 전세는 없고 모두 월세다. 세계 어디를 가도 전세라는 것이 없다고 하니 우리나라처럼 독특한 나라도 없는 것 같다.

그렇게 비싼 아파트인데도 아무 시설이 갖추어져 있지 않은 시멘트 바닥뿐이었다. 장판과 씽크대 등 필요한 시설은 모두 입주자의 몫이라고 한다.

부산에서 부친 이삿짐이 아직 도착하지 않아 우리는 맨 바닥에 신문지를 깔고 그 위에 박 원장님 댁에서 빌린 이불을 덮고 잤다.

이튿날 주일 예배를 한인교회에서 드렸다. 오후에는 시장에 나가 카펫을 샀다. 금방 어두워진 추운 밤 자동차 전조등을 비추어 가며 문구용품 칼로 대충 잘라 그날 밤 깔고 잤더니 방에서 자는 포근함이 감돌았다.

그 날 그 추운 밤 밖에서 몇 시간을 얼굴 한 번 찡그리지 않고 카펫을 잘라 준 친선병원 여직원의 노고를 잊을 수가 없다. 한 번 잘랐는데 손가락이 얼어 펴지지 않는 그 일을 함께 해준 그분이 너무 고마웠다. '몽골에도 이렇게 친절한 사람이 있구나' 그 분 때문에 몽골에 대한 첫 인상이 좋았던 것 같다.

이삿짐 컨테이너는 21일 만에 몽골에 도착했다. 컨테이너를 열어보니 유리병으로 된 화장품들이 다 깨어져 있었고 마요네즈는 위 아래로 식초와 달걀 층이 완전히 분리되어 사용할 수 없게 되어 있었다. 너무 추운 날씨 탓이었다.

몽골에 도착한 이후, 왜 그런지 목이 자꾸 따갑고 기침이 나왔다. 나중에 안 사실이지만 수도 울란바타르는 매연의 도시였다. 울란바타르 시민은 매일매일 엄청난 양의 매연을 마시고 산다.

매연의 원인 중 하나는 울란바타르 시내에 있는 3개의 화력발전소 때문이다. 몽골의 난방은 중앙공급식이다. 도시에서 발전을 통해 증기를 만들어 큰 관을 통해 도시 내부로 보낸다. 그것으로 더운 물을 만들어 집집으로 보내는 방식이다. 러시아 복속 시절에 러시아 기술로 만든 난방법이다. 그러느라 발전소에서 내어 뿜는 연기는 겨울철 내내 도시를 뒤덮는다.

그리고 몽골의 전통가옥인 게르(원형천막)에서 석탄(유연탄)을 연료로 사용하는 것도 매연의 주요 원인이다. 광산에서 캐낸 원석을 그대로 난방과 조리시에 사용하니 그 매연의 양이 엄청나다. 시내를 활보하는 노후한 자동차가 내뿜는 매연도 한국에서는 상상할 수 없을 정도로 심각하다.

그래서 겨울철 울란바타르 시내는 검은 매연이 덮고 있어 앞이 잘 보이지 않는다. 한 번은 차를 타고 교회로 가는데 늘 다니는 길인데도 주위가 잘 안보여, 교회로 들어가는 길을 지나친 일도 있었다. 신문에서는 울란바타르에서 살려면 방독면이 필요하다고 말할 정도다. 그래서 우스갯소리로 "우리는 굴뚝 속에 사는 사람들이다"라고 말하곤 한다.

울란바타르는 또 물이 좋지 않다. 수돗물에 석회질이 많고 아파트 배관이 노후되어 수돗물을 틀 때마다 시뻘건 녹물이 나오고 세탁기에 세탁을 하면 옷이 누렇게 변해버린다. 이 때문에 몽골 사람들에게 담석이나 요로결석이 많다고 한다.

몽골의 겨울은 정말 혹독하게 춥다. 백화점에서 온도계를 하나 샀는데 온도계 눈금이 섭씨 영상 50도에서 영하 50도까지 표시되어 있었다. 겨울철 몹시 추울 때는 영하 40도까지 내려간다. 따라서 겨울에 먼 지방으로 여행하는 일은 매우 위험하다. 만일 자동차가 고장 나면 동상에 걸리든지 목숨을 잃을 수도 있기 때문이다.

그러므로 겨울철 지방 출입은 반드시 2대 이상의 차가 함께 움직여야 한다. 울란바타르는 평균고도가 1500m이므로 우리나라 지리산 노고단 같은 고지대에서 사는 셈이다. 산소가 희박한 고지대여서 처음에는 코피를 흘리거나 피곤함을 많이 느낀다. 우리 부부도 5개월쯤 지난 후에야 겨우 적응할 수 있었다.

몽골의 종교적인 토양은 한국과 비슷하다. 샤머니즘을 바탕으로 불교가 국교의 자리를 차지하고 있다. 곳곳에 우리나라 성황당 비슷한 '어워'라고 하는 것들이 있다. 들판이나 외진 곳에 홀로 서 있는 나무를 신성시하여 그 곳에 돌을 쌓기도 하고 파란 색의 헝겊이나 비닐 같은 것을 묶거나 감아 두기도 한다.

몽골은 라마 불교의 나라다. 세계에서 불교경전을 완역한 나라가 세 곳밖에 되지 않는데 몽골이 그 중 하나이다. 몽골에는 종교법이 존재한다. 종교법은 종교의 자유를 표면적으로는 인정하나 실은 불교 옹호법이다. 때문에 몽골의 기독교인은 2005년 현재 0.9%에 불과하고 외국에서 온 선교사들도 공식적으로 마음 놓고 전도하지 못한다.

50여 평생을 살아온 조국 한국과는 기후나 토양 등이 너무 많이 다르지만 그러나 나는 오늘 몽골의 하늘을 보며 몽골의 땅을 밟고 살아가고 있다. 그들과 함께 하면서 그들의 내면을 더 깊이 알고 싶다. 그래서 효과적으로 그들을 돕고 싶다. 아니 그들과 더불어 어우러져 살기 위해 노력한다. 그리고 그들에게 생명의 복음을 전하고 싶다. 그것을 위해 우리가 보냄을 받은 것이다.

보라 내가 새 일을 행하리니
이제 나타낼 것이라
너희가 그것을 알지 못하겠느냐
반드시 내가 광야에 길을
사막에 강을 내리니 (이사야 43 : 19)

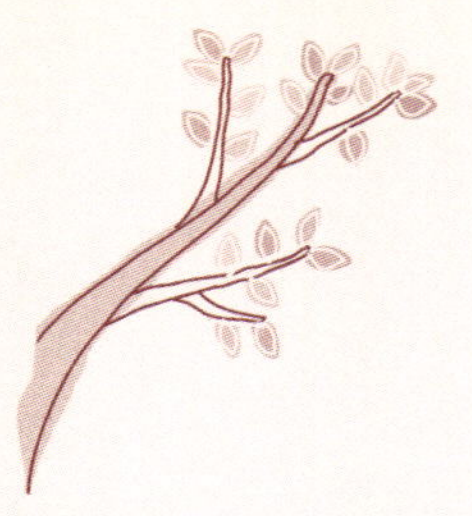

빚진 자의 심정으로

연세친선병원은 1994년 우리나라 연세의료원과 몽골의 수도 울란바타르 시가 합작으로 세운 봉사선교 병원이다. 이곳에는 60여 명의 직원이 상주하고 있다. 한국인 의사는 소아과, 정형외과(지금은 은퇴), 이비인후과, 재활의학과, 산부인과에서 근무하고 있고, 단기로 와 있는 간호사들 그리고 치과의사인 나를 포함하여 약 7-8명 정도의 인원이 근무하고 있다.

이 병원은 몽골에서 의료 수준이 가장 높은 병원으로 알려져 있다. 그러나 치과만 놓고 볼 때에 한국에 비해 진료 수준이 형편없다. 치과 치료라고 해야 고작 발치와 간단한 충전치료 정도였다.

한 가지 다행한 것은 2004년 부산 로타리클럽에서 기증해 준 이동용 치과 진료 버스가 준비되어 있는 것이다. 이동 진료 버스 안에는 치과 방사선 장치 등 시설이 잘 갖추어져 있어 가난한 이들을 위하여 무료 진료를 하기에 안성맞춤이었다.

치료의 질을 높이기 위해 내가 할 수 있는 일부터 시작했다. 우선 기공에 필요한 기구와 다른 치과 재료들을 한국으로부터 구입해 기증했다. 치과 유니트와 치과 방사선 기기, 치과 레이저를 보완해서 어느 정도 흉내를 낼 수 있도록 하였다.

의료의 질을 높여 몽골 인들을 치료하는 것도 중요하지만 내가 이곳에 온 목적은 이 일을 통하여 복음을 전하는 것이다. 치과 진료는 어디까지나 몽골의 영혼들을 하나님께로 인도하는 하나의 도구요 하나님의 교회를 세우기 위한 발판인 것이다.

몽골의 공립 병원에서의 종교 활동은 법으로 엄격히 금지되어 있다. 원장님께서 직원들에게 몽골어 성경을 나누어주었는데 이 같은 일은 종교법을 위반하는 일이어서 서면으로 그들에게 요청하도록 하였다는 말을 들었다. 이처럼 복음전파가 쉽지 않은 가운데서도 아침 업무 시작 전 15명 이상의 직원이 자발적으로 참여하여 성경을 읽고 기도함으로 하루를 시작하고 있다.

처음 부임하면서부터 지금까지 나는 이 병원의 원목이라는 심정으로 예배 시간을 치키고 인도하려고 애쓰고 있다.

몽골에는 2005년 현재 2000명 가량의 한인교포들이 살고 있다. 이들을 위해 세워진 한인교회가 울란바타르 한인교회이다. 이곳에 온 이후 한인교회를 나가며 동시에 한인교회에서 개척한 교회를 관리하며 수습기간을 보냈다.

주일 오전에는 한인 교회에서 예배를 드리고, 오후에는 택시로 30분 정도 걸리는 변두리 산동네 게르 밀집 지역에 있는 알드릭 에젱드 교회에서 말씀을 전했다. 성도들은 가난하지만 순수하게 하나님의 은혜를 사모한다. 한 사람 한 사람이 순전하게 복음을 받아들이고 세례를 받고 주님의 제자가 되는 모습을 보는 것은 한 사람을 얻기 위해 이리 뛰고 저리 뛰어야 하는 한국에서는 맛볼 수 없는 기쁨이기도 했다.

우리는 큰 밀가루 포대를 싣고 다니며 매주 두 가정씩 심방을 하였다. 이 기간은 몽골 현지인들을 알아가는 참으로 유익한 시간들이었다.

지금의 몽골 현지인들의 모습은 과거 한국의 모습을 떠올리게 한다. 판잣집들과, 하수로가 없어 빨래나 설거지한 물을 내다버리는 용도로 만들어진 작은 도랑이 있는 풍경, 나무를 얇게 자른 판자로 울타리를 한 모습, 아이들은 좁은 골목에서 다 낡은 축구공으로 축구를 하는 모습은 한국의 50-60년대와 흡사하다.

식사는 밀가루 반죽에 양고기로 속을 넣은 보-즈를 먹는다. 그러나 생활이 아니라 거의 생존의 수준이라고 해야 할 것이다.

동족끼리 피를 흘린 한국전쟁이 발발하여 우리나라는 그야말로 잿더미에 앉았다. 그러나 눈부신 발전을 거듭하여 지금은 세계 경제 10위권에 드는 부강한 나라가 되었다.

한국이 이렇게 잘 살게 된 것은 가까이는 우리 부모님들의 희생 때문이요 또 우리와 아무 상관없는 세계 16개국의 수많은 젊은이들이 이 땅을 지키기 위해 흘린 피와 땀의 대가인 것이다.

또 은둔의 나라, 미신과 무지의 어두운 땅에 복음의 빛을 밝히고 지금은 서울 합정동 양화진에 누워있는 수많은 선교사들의 희생과 헌신과 봉사가 있었기에 오늘날의 대한민국이 존재하는 것이다.

우리는 그들에게 진 사랑의 빚을 갚아야 한다. 우리 부부는 그 사랑의 빚을 만 분의 일이라도 갚기 위해 이 곳 몽골 땅에 와 있다.

헬라인이나 야만인이나 지혜 있는 자나

어리석은 자에게 다 내가 빚진 자라 (로마서 1: 14)

몽골의 봄

"봄이 오면 산에 들에 진달래 피네……"

한국의 봄은 생각만 해도 아름답기 그지없다. 산등성이를 온통 분홍빛으로 물들이는 진달래꽃, 길가 담장 옆 노오랗게 핀 개나리꽃, 마치 눈내린듯 흐드러지게 핀 벚꽃, 들판의 이름 모를 풀꽃들.

봄은 꽃의 계절이요 계절 중의 여왕이라 할 수 있다.

하지만 이 곳 몽골에서는 정작 봄이 찾아왔건만 어여쁜 꽃들도 푸른 새싹들도 찾아볼 수가 없다. 도심 속 건물들이 매서운 날씨와 황량함 속에 장승처럼 우두커니 서 있을 뿐이다.

3월 어느 날 연세친선병원에서 봄 소풍을 갔다. 그런데 한국의 봄 소풍과는 달리 몽골의 '봄 소풍'은 눈밭에서 씨름하는 것과 눈썰매를 타는 거였다.

몽골의 봄은 '똑' '똑' '똑' 눈 녹는 소리에서 시작된다. 겨우내 지붕 위에 쌓여 있던 눈이 녹아내리기 시작하면 봄이 온 것이다. 절기상 봄이지 한국의 날씨로는 한겨울인데도 몽골사람들은 혹독하게 추운 겨울의 터널을 지난 기쁨을 이웃과 함께 나누기 위해 야외로 달려 나가는 것이다.

선배 선교사들은 불청객인 모래바람, 변화무쌍한 날씨 때문에 차라리 추운 겨울이 더 낫다고들 한다. 각 가정에서는 겨울에는 매서운 바람이 들어오지 못하게, 봄에는 모래바람이 들어오지 못하게 창문 틈을 종이로 봉한다.

며칠 전 외출하고 돌아와 보니 집 안이 온통 모래로 뒤범벅이 되어 있었다. 그뿐만 아니라 머리에도 모래, 옷에도 모래, 입 안에도 모래…… 그런데 신기한 것은 다음날 아침 기도회를 마치고 예배당을 나오는데 하늘이 얼마나 청명하던지 언제 모래바람이 불었나 의심스러울 정도로 날씨가 변화 무쌍하다.

몽골의 봄은 우리의 인생을 닮았다. 인생길에 고난의 모래바람이 거세게 불 때도 있지만 시간이 지나면 언제 그런 바람이 불었을까 할 정도로 평화로울 때도 있기 때문이다.

5월 말의 어느 날 몽골에도 기다리고 기다리던 꽃이 피었다. 아! 이 황량한 몽골의 모래바람 가운데도 꽃이 피긴 피는구나!

몽골의 꽃은 종류가 별로 없다. 몽골에서 제일 많은 나무는 올리아스 나무이다. 이 나무의 꽃은 목화송이가 탁 터지면서 솜을 뱉어 놓듯 그렇게 핀다. 녹두알 만한 솜 같은 것을 머금고 있다가 바람이 불면 날려 떨어져 담 벽이나 화단 벽의 모서리에 하얗게 쌓인다. 라이터로 불을 붙이면 '호로록' 하고 순식간에 타버린다. 얼마나 신기한지. 하지만 날아다니는 솜이어서인지 알레르기 체질을 가진 사람들을 괴롭히기도 한다.

연세친선병원 앞에 누가 심었는지 조그맣게 2 그루 정도, 땅에 딱 붙어 핀 벚꽃을 볼 수 있었다. 이 벚꽃을 배경으로 대학을 졸업하는 여학생들이 둘, 셋씩 짝을 지어 사진을 찍는다고 한다. 눈송이가 내려앉은 듯 흐드러지게 피어 황홀하게 하는 한국의 벚꽃이 눈에 아른거린다.

꽃과 초록에 목마른 몽골의 봄이여! 그래서 차라리 몽골의 봄을 그리움이라 말해야 할 것 같다.

매서운 겨울의 터널을 지내며 기다려온 봄. 아무리 춥고 모래바람이 휘몰아친다 해도, 아름다운 꽃을 피워 고향 떠난 선교사를 위로하는 봄. 봄을 기다리는 마음으로 몽골의 매서운 겨울을 당당히 이겨 나가리라.

다만 이뿐 아니라 우리가 환난 중에도 즐거워하나니
이는 환난은 인내를 인내는 연단을
연단은 소망을 이루는 줄 앎이로다
(로마서 5: 3 ~ 4)

Chapter 3

네게 있는 것이 무엇이냐?

베타니마을 교회

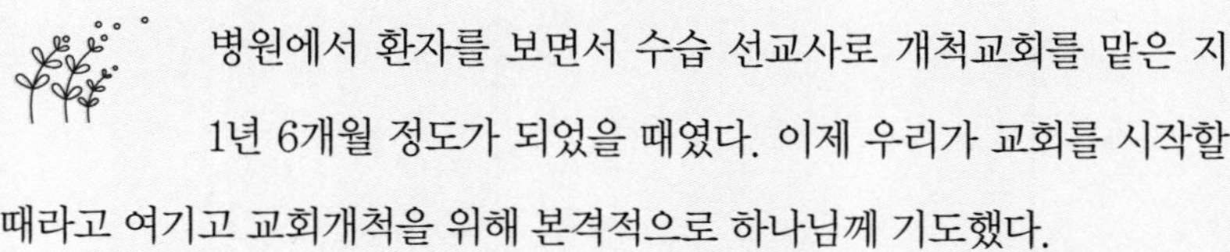

병원에서 환자를 보면서 수습 선교사로 개척교회를 맡은 지 1년 6개월 정도가 되었을 때였다. 이제 우리가 교회를 시작할 때라고 여기고 교회개척을 위해 본격적으로 하나님께 기도했다.

우선 우리가 사는 집에서 성경공부를 시작했다. 성도가 한 사람 두 사람 모이기 시작했다. 한국어 전공으로 병원에 졸업 실습을 나온 얌전한 대학생 어떠너, 세렝게에서 울란바타르로 유학을 온 한국어과 학생인 소열, 공항에서 우연히 만나게 된 차차, 그리고 차차가 인도한 알타와 몽골에 와 계시던 한 장로님께서 소개한 갈랴, 보르노르 교회에서 온 덕이, 덕이의 사촌 신내, 가나, 가수렁, 우리 아파트에 수위로 근무하던 미가.

한 명, 한 명을 하나님께서 보내주셨다. 이렇게 모이게 된 사람들이 25 명 가까이 되자 집에서 모임을 갖기에는 너무 공간이 협소했다. 그래서 예 배당 건물과 함께 동역할 사역자를 보내주실 것을 기도하였다.

하나님께서는 함께 사역할 선교사님을 보내 주셨다. 김봉춘, 손병운, 허 통 선교사님이 협력하여 교회를 섬기기 위해 오셨다. 이들은 모두 자신 들의 사역이 있으신 선교사님들이다. 김봉춘 목사님은 울란바타르에서 두 시간 정도 떨어진 시골에서 교회를 섬기고 계시는 분인데 본 교회와 울란 바타르에 있는 함께 사역할 교회를 위해 기도하고 계셨다. 왜냐하면 시골 에서 학생들을 키워놓으면 고등학교를 마치고 울란바타르로 가게 되는데 그들을 계속 말씀으로 가르치기 위해선 함께 사역하는 교회가 필요했기 때 문이다.

또 손병운 목사님은 찬양사역을 하시는 분인데 함께 사역하였고, 우리 들보다 나중에 몽골에 오신 자르갈란트 교회를 섬기시는 허 통 목사님도 함께하시게 되었다.

2년 동안 산동네에서 말씀을 전하는 사역을 하면서 느낀 것은, 사람을 효과적으로 훈련하기 위해서는 수도의 한 중심가에 예배당이 있어야겠다 는 것이었다.

"하나님 건물은 좋지 않아도 괜찮을 것 같습니다. 그러나 실내에 화장실이 있고 난방이 되는 건물을 주십시오. 그리고 우리는 시내 중심가에서 제자훈련을 할 수 있는 예배당이 필요합니다. 마땅한 건물을 주십시오."

건물 얻을 돈이 없었지만 믿음으로 조목조목 우리의 필요를 따라 구체적으로 기도하면서 건물을 찾았다. 그러던 어느 날 친하게 지내는 몽골의 경찰간부에게서 전화가 왔다. 시내 중심가에 팔려고 내 놓은 건물이 있다는 것이다. 함께 가보니 전에 외국어학원을 하던 건물로 넓고 좋았다. 거기에다 연세친선병원과도 가까워서 오고 가기에도 좋았다.

물론 우리에게는 예배당을 구입할 돈 한 푼도 없었다. 건물 대금을 몇 차례에 나누어서 지불한다는 조건으로 계약을 하였고 모금을 위해 한국으로 갔다.

감사하게도 후원교회인 거성교회에서 전 성도가 정성으로 건축헌금을 해 주었다. 어떤 여 성도는 자신의 결혼반지를 드렸고, 통장을 내어 놓은 성도도 있었다. 힘에 지나도록 헌금하신 성도님들의 주님을 향한 헌신을 보고 눈물 흘리며 감사했다.

우리 부부 두 사람이 선교하는 것이 아닌 하나님 나라 확장을 위해 헌신하는 성도들이 함께 선교하고 있음을 깨달았다. 후원교회 목사님과 성도들이 지속적으로 기도해 주었고, 물질이 필요할 때 힘을 다하여 동참해 주었다. 또 몇몇 교회와 건축에 동참하여 헌금을 해준 믿음의 친구들도 많이 있었다.

한 달 정도 한국에 머무는 동안 하나님께서는 예배당 건물에 필요한 헌금 목표를 거의 이루게 해 주셨다. 이렇게 하여 잔금을 치르고 입당예배를 드리게 되었다. 우리는 교회의 이름부터 정하기로 했다.

교회 이름을 성도들이 함께 투표로 정하여 '베다니마을 교회'라 부르게 되었다.

베다니는 우리가 잘 아는 나사로와 마르다, 마리아 자매가 사는 동네이다. 특별히 예수님께서 자주 들르시어 쉬시기도 했던 마을이다. 예루살렘 성전이 가깝고 가난한 사람들이 정답게 살아가는 고향 같은 마을 이름이다.

가난한 마음으로 누구든지 서로 사랑하며 마음을 나누는 교회, 거룩한 성 하늘의 예루살렘을 바라보며 신앙의 경주를 하는 교회가 되었으면 하는 바람이 담긴 이름이었다.

교회는 하나님께서 이루어 가신다. 나는 연세친선병원에서 진료하면서 알게 된 사람들을 교회로 인도했다. 그들은 또 자신의 가족들, 친구들, 자신과 관계된 사람들을 교회로 데리고 왔다. 교회는 빠른 속도로 성장했다.

하나님을 찬미하며 또 온 백성에게 칭송을
받으니 주께서 구원받는 사람을
날마다 더하게 하시니라 (사도행전 2: 47)

네게 있는 것이 무엇이냐?

몽골에서 선교를 시작하면서 두 가지 비전이 생겼다.

하나는, 언제인가 이곳에 무료 선교 병원을 세우는 일이고, 또 하나는 세계로 복음을 전할 수 있는 일꾼을 키우는 일이다.

연세친선병원은 가난한 서민들이 진료받기가 어려운 병원이다. 민간 병원이어서, 의료보험도 적용되지 않고 주민들의 수입에 비해 병원문턱이 높은 편이었다. 그러나 진료의 질이 좋아서 중산층 이상의 시민들에게는 인기 있는 병원이었다. 그래서 시간이 있을 때마다 박돈상 원장님과 가난한 서민들을 위한 무료 선교병원을 건립하기 위해 기도하고 의논했다.

하루는 기도하는 중에, 하나님께서 "네게 있는 것이 무엇이냐?" 하고 물으셨다. '내게 있는 것?' 한국에는 내가 사용하던 치과 유니트와 여러 기자재가 그대로 남아 있었다.

"원장님, 치과 기계와 자재는 제가 책임질 터이니 나머지 부분은 원장님께서 책임지세요."

"다 쓸 데가 있으니 빗자루까지 다 실어오세요"라는 원장님의 말씀대로 한국에 있는 치과 유니트와 기자재 전체를 몽골로 실어왔다.

이제는 건물을 구하는 것이 문제였다. 시내 중심가에는 임대료가 만만치 않았다. 그러던 차에 '자비의 집이라' 이름하는 한 병원에서 무료로 병원을 함께 사용하는 조건으로 한국에서 오는 의약품을 같이 쓰도록 해 주면 허락하겠다는 제의가 있었다. 그러나 그것은 나중에 마찰이 생길 만한 제안이었다. 한참 장소를 얻기 위해 뛰어 다닐 때 마침 몽골인 부원장님이 주선해 주어 게르 밀집 지역의 보건소 건물을 무상으로 임대하여 사용할수 있게 되었다.

무료진료소의 이름은 '아가페 클리닉' 이라 하였다. 그런데 이번엔 보건당국에서 이 간판 이름에 거부반응을 보였다. 예수 믿는 냄새가 난다는 것이다. 그러나 우리는 양보하지 않았다. "아가페란 뜻은 큰 사랑이란 뜻이다. 그것이 얼마나 좋은 이름인가?" 이렇게 설득하여 어렵사리 이름도 통과되었다. 아가페 클리닉은 연세친선병원 분원으로서, 연세친선병원에서 치과의사 한 분과 일반의사 한 분, 그리고 두 명의 간호사를 파견하여 근무토록 해주었다.

약품은, 한국 단기선교 팀이 사용하다 두고 간 것으로 그런대로 수요를 감당할 수 있었다. 모자라는 것들은 연세친선병원 선교사들이 공동으로 지원하였다. 돈을 들이지 않기 위해 며칠 동안을 연세 병원의 직원들과 함께 밤 새워 진료소를 청소하고 수리하느라 많은 고생을 했다.

드디어 진료소가 아름답게 꾸며졌다. 무료진료소가 개원되는 날 그 지역 국회의원과 동장, 관내 유지들이 참여하여 축하해 주었다. 하나님께서는 우리가 선한 뜻을 품을 때 그것을 귀하게 여기신다.

"네게 있는 것이 무엇이냐" 하는 말씀은 하나님께서 모세에게 하신 질문이다. 모세가 양을 치며 가지고 다니던 지팡이를 하나님께 드렸을 때 그것이 하나님의 지팡이가 되었다. 하나님께서는 그 지팡이를 통해서 이스라엘 백성을 인도하였다.

한 소년이 자기에게 있는 보리떡, 보잘것없는 보리떡을 주님께 드렸을 때 그것으로 남자 장정만 5000명이 먹는 기적이 일어났다. 우리가 우리의 손에 있는 것을 드릴 때 하나님께서는 그것을 통해 하나님의 역사를 이루신다.

네게 있는 것이 무엇이냐? 나에게는 치과의술과 치과 장비가 있었다.

가난하고 힘들게 살아가는 이들에게 '비오는 날의 우산' 이 되어줄 무료진료소 아가페가 이렇게 탄생하게 되었다.

여호와께서 그에게 이르시되
네 손에 있는 것이 무엇이냐
그가 이르되 지팡이니이다 (출애굽기 4: 2)

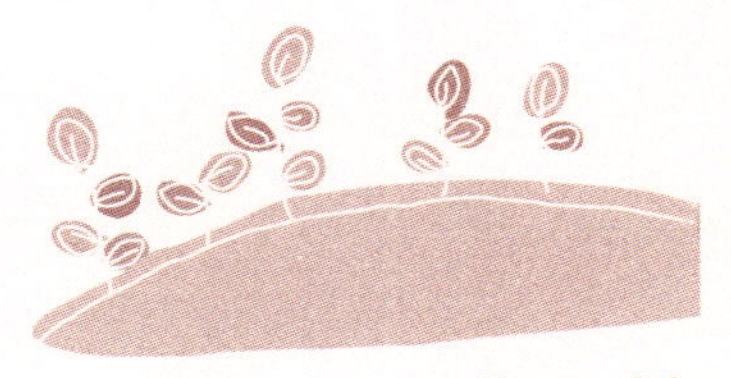

목사님을 만나지 못했다면

베다니 마을 교회를 개척하고 집에서 예배를 드린 지 일 년이 채 되지 않았을 때 하나님께서 좋은 교회 건물을 주셨다. 우리가 기도한 대로 시내 중심가에 난방이 들어오고 화장실이 건물 안에 있는 지하를 포함한 3층 건물이었다. 지하에 흙을 들어내어 두 개의 방을 더 만들고 벽을 터서 출입구를 내고 교회를 수리하여 그런대로 쓸 모 있게 되기까지는 거의 1년의 시간이 걸렸다. 이곳 몽골 사람들은 무엇이든지 빨리빨리 해 치우는 한국 사람들과 다르다.

그렇게 교회의 외형이 만들어져 가고 있을 때 청년회가 조직되었다. 보르노르에서 온 덕이가 회장을 맡기로 하고 임원이 구성되었다. 한국에서 온 단기 선교사인 연세병원의 노지영 간호사, 거성교회에서 온 이선명의 수고를 통해 나날이 청년들이 성장하였고 청년회의 모양이 갖추어지게 되었다. 그래서 처음으로 청년부 수련회를 열었다. 학생들도 방학을 하고, 몽골의 어린이날인 6월1일에 청년 14명과 우리 부부는 휴양지 가쵸르트에 있는 서지연 수양관으로 수련회를 떠났다.

서지연 씨는 몽골에 세 번째 단기선교를 오는 도중 교통사고로 하나님의 부르심을 받았다. 그의 부모님이 교통사고 보상금으로 경치 좋은 가쵸르트에 수양관을 지어 헌납하였다. 서지연 선교사는 짧은 생애를 살고 갔지만 그는 이곳에서 하나님의 일을 하고 있다.

1박2일의 수련회는 정말 은혜로웠다. 이들이 장차 우리 교회의 기둥이 될 것이다. 수련회 중에 '소열'이란 한국어과 3학년 대학생은 나에게 이런 편지를 보냈다.

"허 목사님 감사합니다. 어떤 말을 먼저 해야 할지 잘 모르겠어요. 목사님을 만나지 못했다면, 목사님이 몽골에 오시지 않았더라면 저는 어떤 사람이 되었을지 모르겠어요. 목사님 덕분에 하나님을 믿게 되었고 다른 사람을 사랑하는 법을 배웠어요. 목사님 감사합니다. 사랑합니다. 앞으로 열심히 노력할 겁니다. 목사님도 저를 믿어주세요. 주님의 사랑으로 사랑합니다. 2007년 6월2일 소열 올림"

소열이란 여학생은 몽골의 북쪽 국경지대 근처에서 우연히 만난 학생이다. 해마다 한국의 연세의료원에서는 몽골 단기선교를 오는데 그해에도 한국의 단기 팀과 몽골 연세친선병원이 한 팀을 이루어서 세렝게 지역으로 의료봉사를 갔다. 우리들은 팀을 나누어 그 지역의 여러 곳으로 이동 의료봉사를 하게 되었다. 그 날 나는 알탕볼락(금빛샘)이라는 아름다운 이름을 가진 마을로 가게 되었다. 어디를 가든지 치과 진료실은 항상 많은 환자로 북적인다. 환자들 사이에서 기다리고 있던 한 여학생을 만나게 되었는데 그 여학생이 소열이었다. 그 때 당시 소열은 한국어과 1학년 1학기를 마치고 잠시 고향에 내려와 쉬고 있던 중, 우리 진료 팀을 만나게 된 것이다. 나는 그에게 울란바타르에 오면 우리 교회에 오라고 전도를 했고 그 후 소열은 우리 교회 청년회원이 되었다. 그는 우리 교회에서 세례를 받았고 교회에서는 셀 리더로, 통역으로 섬겼다. 그는 한국어과를 졸업하고 대학원을 마친 후 자기 학교에 조교로 있다가 지금은 한국에 유학을 가 있다.

가수 노사연의 '만남' 이란 노래에는 "우리 만남은 우연이 아니라"는 가사가 있다. 하나님께서는 만남을 통해 역사하신다. 이방 여인 룻은 보리밭에서 보아스를 만남으로 운명이 달라졌다. 사도바울은 아나니아를 만나 치유를 받았고 선교의 동역자 바나바를 만났고 복음의 아들 디모데를 만났고 동역자 브리스길라와 아굴라를 만났다.

하나님께서는 아는 사람이 없는 몽골 땅에서 여러 사람들을 만나게 하셨다. 앞으로도 그분의 섭리 속에 더 많은 사람들을 만나게 하실 것이다.

하나님께서 만나게 하신 사람들을 통해서 선교의 열매를 보게 하시고. 때로는 만남을 통해 위로를 주신다.

"목사님을 만나지 못했다면……

"목사님께서 몽골에 오지 않았다면, 오늘도 나는 많은 몽골의 영혼들을 생각하며 그들에게 복음을 전한다.

그런즉 그들이 믿지 아니하는 이를
어찌 부르리요 듣지도 못한 이를 어찌 믿으리요
전파하는 자가 없이 어찌 들으리요 (로마서 10 : 14)

몽골 선교사의 일상

한국에 살고 있다면 하지 않아도 되는 일을 몽골 선교사는 일상처럼 늘 해야 한다. 한국에서는 자동이체 제도가 잘 되어 있어서, 집에 앉아서도 자신의 은행계좌에서 다른 사람의 계좌로 바로 이체를 할 수 있다. 그러나 몽골은 아직 인터넷 전산화가 잘 이루어지지 않아 일일이 발로 뛰면서 그 일을 해야만 한다.

어제 친구 목사에게 휴대폰으로 했더니 전화가 불통이었다. 그 목사님의 전화에 문제가 있어서 받지 못하나 생각하고 있었다. 나중에 알고 보니, 요금을 납부하지 않아 자동으로 통화가 정지된 것이었다. 신기한 것은, 요금을 납부하자마자 곧 통화가 되는 것이다.

개인 휴대폰 요금, 교회 전화, 수도, 전기, 인터넷 , 난방 요금, 아파트 관리비 등 매달 납부해야 하는 요금은 직접 금융 기관에 가서 내어야 한다. 한꺼번에 납부해도 되는 우리나라와는 달리 집 전화요금은 집 근처의 전화 요금 내는 곳에, 아파트 관리비는 또 시장 안의 은행 같은 곳에, 교회 전기 요금은 요금소에서 내야 하는 등 일일이 발로 뛰어다녀야 하여 번거롭기 그지없다.

또 몽골의 사정에 어둡다 보니 이런 일들이 더 어려운지도 모른다. 억울한 일이 있어도, 청구서에 대한 의문이 있어도 그냥 '울며 겨자 먹기'로 넘어가야 하는 것이 우리 선교사들의 고충이다.

그렇다고 교회에 아직은 심부름을 시킬 만한 사람도 없다. 교인들도 대부분 학생들이고 우리 집 가까이 거주하는 사람도 없다. 그러므로 직접 일일이 이곳 저곳을 바쁘게 돌아다니며 일을 익히는 길밖에 방법이 없다.

몽골에서는 관공서 일을 보는 것도 무척 힘이 든다. 교회 땅을 내 명의로 등기하는 일 때문에 토지 사용허가와 등기하는 관공서를 20회 이상 방문 하였고 6개월이 걸려서야 비로소 등기를 할 수 있었다. 애써 방문하면 담당자가 번번이 자리에 없거나, 휴가 중이거나, 있어도 한 번에 한 가지씩만 가르쳐 주어서 여러 번 방문해야 했다. 관공서 직원의 근무태도가 여간 마음에 들지 않는다. 그런데 이상한 것은 이런 불편을 겪으면서도 몽골 현지인들은 아무런 불평이 없어 보이는 것이다. 나는 속이 부글부글 끓는 데 그 사람들은 마치 죄를 지은 사람처럼 잘도 참는다. 참는 것인지 아니면 불편을 불편으로 여기지 않는 것인지.

'참, 1950년, 60년대 우리나라도 그랬었지, 개구리 올챙이 적 생각을 못한다더니 내가 생각을 바꾸고 참아야지.'

이런 결론을 내리게 된다. 후진국일수록 경찰이 어깨에 힘을 주고 공무원들이 힘을 주는 법이니까. 아마 한 20년쯤 지나면 몽골도 많이 달라질 것이다. '고객 만족'에서 '고객 감동'을 주는 서비스를 제공하겠지. 지금으로서는 그 때가 속히 오기를 기다리는 수밖에 없겠다. 몽골에도 진정한 민주주의의 푸른 계절이 빨리 오기를 손꼽아 기다린다.

결국 6개월이 지난 후 조그마한 토지 등기증 한 장을 받았는데 5년 동안 임시로 토지를 사용할 수 있는 권리에 관한 허가일 뿐이었다.

또 교회 허가도 힘들게 받았는데 그것도 겨우 일 년 동안의 허가이기에 일 년 후에는 재 허가를 받아야 한다. 자동차 검사도 매년 받아야 한다. 교회 세무보고도 3개월마다 해야 한다.

선교지에서 살아가는 일은 이렇게 작은 일들이지만 신경 쓰이는 일들

의 연속인 것 같다. 그래서 어떤 이들은 선교의 정의를 '선교지에서 살아
내는 일'이라고 내렸는지도 모른다.

바울이 온 이태를 자기 셋집에 머물면서
자기에게 오는 사람을 다 영접하고
하나님의 나라를 전파하며 주 예수 그리스도에 관한
모든 것을 담대하게 거침없이 가르치더라
(사도행전 28: 30~31)

몽골어 설교

해외 선교가 국내 전도와 다른 점이 무엇일까?

신학적으로 여러 가지 차이점을 말할 수 있겠지만 한 가지 확실하게 다른 점이 있다. 선교사라면 예외 없이 그 나라의 언어를 구사할 수 있어야 한다. 국내 전도도 마음처럼 쉬운 일이 아니지만 마음 놓고 자기 나라 말로 전하면 되지 않는가? 하지만 선교사는 반드시 언어의 산을 넘어야 한다. 나이에 관계없이 현지 언어에 능통해야 한다. 그래서 우리 교단에서는 40세가 넘으면 선교사로 보내지 않는다. 나이가 많으면 현지어 습득에 너무 어려움이 많기 때문이다. 귀중한 선교 후원비를 지출하면서도 언어에 막혀 결국 선교를 마음껏 할 수 없는 불상사가 일어나기 때문이다.

이런 사정 속에서도 나는 전문인 자격으로 총회 파송을 받을 수 있었다. 의사는 다행히 자기 전공에 해당되는 제한된 언어만으로도 그 역할을 수행할 수 있기 때문이었다.

몽골에 오자마자 기초 생활 언어 과정을 공부하였다. 그 과정을 '서바이블 코스' 라고 하는데 몽골에서 살아남기 위한 언어 과정이다. 55세의 나이로 새로운 언어를 배우는 일은 무척 힘이 들었다. 입력과 출력의 기능이 현저히 떨어짐을 누구보다 자신이 가장 먼저 인지하게 되는 것 아닌가?

한 쪽 머리로 새 단어를 외우고 나면 즉시 다른 쪽으로 빠져나가 버린다. 이 고통스러운 일을 하루 4시간을 연달아 하다보면 용량 초과로 골치가 아프고 머리에서 쥐가 난다.

그런 가운데서도 죽을힘을 다하여 2년 동안 3권의 몽골어 책을 공부했다.

몽골어의 어순은 한국어와 비슷하나 발음하기가 너무 어렵다. 몽골 인들은 구강의 모든 구조를 동원하여 이상한 발음을 한다. 목구멍 깊은 곳을 이용해서도 발음을 한다. 흡사 가래가 목에서 끓는 것 같은 발음도 있다. 발음이 힘들고 나이 많아 힘들었지만 무조건 맨땅에 헤딩하는 식으로 열심히 하는 방법 외에는 선택의 여지가 없었다. 교사들이 내주는 숙제 외에 자원하여 매일 몽골어로 일기쓰기, 설교작성하기, 신문 보기 등을 열심히 하였고 여러 가지 질문을 퍼부어 교사들을 괴롭히곤 했다.

몽골에 온 지 8개월 만에 처음으로 몽골어로 설교를 했다. 먼저 설교를 한글로 작성해서 그것을 몽골어로 번역을 한다. 그리고 통역하는 학생에게 다시 교정하게 하여 몽골어 설교를 완성한다. 그 원고를 읽고, 외우고, 몽골인의 발음으로 녹음을 해서 듣는다. 이런 과정으로 한 달을 준비해서 마침내 설교를 했다. 아마 100번 이상은 읽었을 것이다. 그래도 첫 설교는 성공적이었다.

어느 날, 주 몽골 한국대사에게서 점심 식사를 함께 하자는 받았다. 그리고 함께 식사하는 자리에서,

"허 선교사님, 소문으로 들어서 알았는데 어떻게 8개월 만에 그 힘든 몽골어로 설교를 할 수 있었습니까? 저는 부임한 지 3년이 다 되어 가는데 일상 회화도 잘 안 됩니다. 혹시 특별한 비결이 있으면 좀 알려 주시지요."

"목마른 사람이 샘을 판다고 대사님께는 한국어를 잘 하는 몽골인 비서가 있으니 절실하지 않으신 게 당연합니다."

그 후에도 '하나님의 인도의 손길'이란 제목으로 베다니마을 교회에서 몽골어로 설교를 했다. 현지어 설교는 보통 3~4주간은 준비를 해야

40분 정도 할 수 있다. A4 용지로 10장 정도의 원고를 준비하고 원고를 들고 읽기를 반복한다. 그리고 설교하기 전마다 이런 심정으로 하나님께 기도한다.

"초대교회 성도들은 베드로가 설교할 때 각기 자기 나라말로 알아들었다고 했습니다. 오늘도 그러한 역사를 주옵소서."

그리고 예배 인도와 설교, 축도까지 모두 몽골어로 준비한다.

어떤 때는 설교 처음에는 잘 전달이 되는 것 같다가도 중반으로 들어서면 집중력이 떨어지고 긴장이 되어서 온몸이 땀으로 범벅이 되곤 한다.

'오늘 설교는 죽을 쑨 것인가? 언어의 장벽이 이렇게 높은가?' 스스로에게 묻다가 설교가 끝난 후 성도들에게 말씀이 이해가 되는지, 은혜를 받았는지 물어본다. 한국어로 설교할 때보다 더 은혜를 받았다고 하면 비록 준비하는 시간은 내게 고통의 시간이었지만 성령께서 그들의 영혼에 말씀으로 역사하심으로 인해 큰 위로를 얻는다.

이제 또 하나의 목표가 생겼다. 안식년이 되기 전에 몽골어 성경 전체를 컴퓨터로 기록하려고 성경을 타이핑하고 있다. 그러나 이런 속도로 과연 목표 달성을 할 수 있을까 염려되기도 한다. 그러나 할 수 있는 만큼 하리라.

선교사에게 언어의 산은 포기할 수 없는 높은 산이다. 그렇지만 꼭 올라가야 한다. 그것이 선교사의 사명이고 의무이다. 오늘도 나는 선교지 언어의 산을 오르기 위해 땀을 흘린다.

우리가 우리 각 사람이 난 곳 방언으로
듣게 되는 것이 어찌 됨이냐
(사도행전 2:8)

강력한 선교의 도구
한국어

영어 공부를 할 때마다 영국이나 미국에서 사는 사람들을 부러워한 적이 많았다. 그들은 우리처럼 힘들게 영어를 배우지 않아도 되기 때문이다. 팔자 좋게 영어권에서 태어났다는 이유 하나로 힘들이지 않고 국제어를 자유롭게 구사할 수 있기 때문이다.

몽골에서 살다보니 나도 팔자 좋게 태어났다는 생각을 할 때가 있다. 몽골에서 한국어는 가장 인기 있는 언어이다. 한국어과를 졸업한 사람들의 취업률이 가장 높아 대학교마다 한국어과의 인기가 가장 높다고 해도 과언이 아니다. 우리가 이전에 아메리칸 드림을 꿈꿨던 것처럼 몽골 사람들은 코리안 드림을 가지고 있다. 그래서인지 대부분의 몽골 사람들의 꿈은 한국에 가는 것이다. 청년들뿐 아니라 너도 나도 한국어를 배우고 싶어 한다.

그래서 한글날을 전후하여 울란바타르 대학 한국어과 주최로 한글 글 짓기, 말하기, 쓰기 대회를 개최하여 한글의 우수성을 홍보하고 있다. 또 한국어를 배우기 원하는 사람들에게 부담 없이 배울 수 있는 기회를 제공하고 있다.

몽골 연세친선병원에서 나는 한국어 교육담당을 자원했다. 각 대학에서 한국어를 전공하는 학생들이 우리 병원에 어학 실습을 오게 되는데 한국어를 통하여 그들에게 전도할 목적이었다. 어학 실습을 오면 한국어로 대화하는 것을 시작으로 교육을 시작한다. 처음 5분 동안은 한국어로 대화하게 하고, 매일 일기를 한국어로 쓰게 하는 훈련을 한다. 또 매일 50개의 단어 외우기, 한자공부, 한국 드라마 보기, 한국어 성경 읽기를 실시하여 그들을 훈련했다.

예를 들면 요한복음을 하루에 한 장씩 읽고 해석하고 공부한다. 그래서인지 그들 사이에서도 연세친선병원의 어학 실습은 어렵다고 소문이 나 있다고 한다. 한 달 여를 그렇게 하면서 예수님을 소개하면 많은 학생들이 예수님을 마음에 영접하여 크리스천이 된다. 지금 우리 교회에서 통역을 담당하고 있는 어떠너라고 하는 학생이 그 훈련을 통해 얻은 첫 열매였다.

그는 우리 교회에 등록하고 세례를 받았다. 심성이 좋고 순종적이어서 그렇게 힘든 훈련을 끝까지 잘 마친 것이다. 그는 교회 통역으로 봉사할 뿐 아니라, 우리 병원의 직원이 되어 어디에 내어 놓아도 실력을 인정받는 유능한 통역사가 되었다. 그리고 한국어를 전공한 소열도 그렇게 공부하여 세례교인이 되었고 대학원을 다니면서 한국어과 조교로 일하다가 2010년부터는 창원 대학교 대학원 과정에 들어와 공부하고 있다.

나에게 있어서는 모국어인 한국어가 선교의 강력한 도구로 사용되고 있는 셈이다. 나이 들어 몽골어에 취약할 수밖에 없는 나에게 하나님께서 지혜를 주셔서 복음을 증거하게 하시니 정말 감사한 따름이다.

우리 교회 안에서도 청소년들에게 한국어를 가르치는 시간이 따로 있다. 특별히 교회에서 한국어로 설교 통역을 하는 통역사들을 대상으로 한국어 설교 통역학교를 시작하였다. 한 해에 30명 이상을 등록시켜 3년 동안 세 번의 졸업생을 배출하였다. 감사하게도 한국인 선교사가 담임하는 교회의 통역자들이 거의 대부분 참가해 주었다. 설교 통역학교를 3년 간 운영하면서 선교의 도구로서의 한국어의 힘을 다시 한번 느낄 수 있었다.

모든 통역 중에 설교 통역은 통역의 꽃이라 여겨진다. 다른 일상의 통역들은 별도의 지식이 없어도 단어만 알고 이해하면 통역이 가능하지만 설교 통역은 전혀 다르기 때문이다. 우선 단어의 의미를 알아야 하는 것도 당연하지만 성경 말씀의 역사나, 이스라엘의 역사, 세계사, 신학과 그 배경을 알지 못하면 단어나 문장만으로 어떻게 그것을 이해할 수 있겠는가? 그래서 신학을 하지 않으면 할 수 없는 것이 설교 통역이다. 일반 통역을 잘 하는 사람도 설교를 통역할 때는 쩔쩔 매는 것을 본다. 그러므로는 설교 통역 공부의 필요성을 절실히 느꼈다.

통역학교를 하게 된 또 다른 이유는 처음에 몽골에 도착해 보니 통역을 도와줄 사람이 없어 아쉬웠다. 선임 선교사님들에게 부탁을 해 보았지만 녹녹치가 않았다. 이렇게 시작한 통역학교여서 더 의미 있게 느껴진다.

한국의 성경학교 수준인 이 통역학교는 학생들에게 한국어 실력 증진과 더불어 성경공부와 영성훈련을 겸비하게 하였다. 지금은 이 훈련과정을 마친 100여 명의 청년들이 자신이 몸담고 있는 교회를 섬기고 있다.

단기로 몽골에 와서 선교하기 원하는 분들은 몽골에서 한국어를 가르치면서 사역하는 것이 효과적이다. 물론 한국에서 한국어 지도자 과정을 이수하고 오면 더 유용하게 쓰임 받을 수 있을 것이다.

선교하는 데 있어서 언어는 중요한 위치를 차지하고 있다. 한국어는 몽골에서 강력한 선교의 도구이다. 한국 선교사가 모국어로 선교할 수 있는 나라가 몽골 외에 또 있을까? 그래서 나는 행복한 선교사이다.

다 놀라 신기하게 여겨 이르되 보라
이 말하는 사람들이 다 갈릴리 사람이 아니냐
우리가 우리 각 사람이 난 곳 방언으로
듣게 되는 것이 어찌 됨이냐?

(사도행전 2:7-8)

간질환자소녀

성도들과 함께 1박2일 동안 가까운 기도원으로 수련회를 가게 되었다. 성도들이 열심히 찬양하는 시간에 청소년부에 잘 출석하는 어느 여학생이 쓰러졌다는 보고를 받았다. 상태를 보니 간질 증상이었다. 교사들의 말은 집에서도 한 달에 한두 번씩 발작을 한다는 것이다. 쓰러지면 길 때는 10분 이상 정신을 차리지 못할 때도 있다고 했다. 더 안타까운 것은 어머니는 열차 승무원으로 출타하는 날이 많고 아버지는 장사를 하기 위해 러시아로 중국으로 다니기 때문에 할머니가 그녀를 돌보고 있는 처지였다.

수련회를 마치고 우선 그 여학생을 연세친선병원으로 불러 뇌파검사를 했다. 그런데 뜻밖의 검사 결과가 나왔다. 뇌파는 정상이며 심리적인 원인으로 쓰러진다는 것이다. 한 편 마음이 놓이면서도 그 여학생의 마음 상태가 얼마나 절실하기에 간질 증상을 보일까 하는 안타까운 마음이 들었다. 아이의 그런 증상은 부모의 관심을 끌기 위해 본능적으로 생기는 것이었다.

"아버지, 어머니 제게 관심을 주세요, 사랑을 주세요. 저는 부모님의 사랑이 절실합니다."

그 외침이 간질 증상으로 나타났다. 그 부모님을 만나 딸의 증상과 검사 결과에 대해서 의논을 드렸다.

"돈이 중요하겠지만, 따님의 상태가 심각하니 두 분 중 한 분은 딸을 돌보아 줄 시간을 마련하세요."

그들은 그렇게 하겠다고 약속했다. 그 후 그 아이의 증상은 놀랍게도 호전되었다. 부모님의 사랑과 관심을 받고 심리적인 안정을 회복한 것이다.

한국의 수많은 부모들이 맞벌이를 하고 있다. 맞벌이를 하지 않으면 생활하기가 어려운 것이 우리의 현실이다. 그래서 심지어 아동교육학을 전공한 어머니까지도 자녀와의 시간을 희생하고 직장으로 향하고 있다. 그러나 이제 진지하게 자녀들의 문제를 다시 생각해 볼 때가 되었다. 자녀를 잘 키우기 위해 돈벌이가 필요하지만 그러는 사이 우리의 자녀들은 병들어 가고 있다는 사실을 깨달아야 한다.

　　부모의 사랑과 관심을 끌기 위해 죽을힘을 다해 절규하고 있는 자녀들의 목소리를 들을 수 있는 부모가 되자. 병든 자녀의 모습은 간질 증상으로, 가출로, 인터넷 중독으로 나타나기도 한다. 간질환자가 아니면서도 간질환자가 되어가는 우리 아들딸들의 절규에 우리의 눈과 귀를 돌리자. 자녀들을 위해 과감히 직장을 버릴 용기를 갖자.

　　자녀 교육을 위해 외국에 이민 간 부모들의 이야기를 자주 듣는다. 자녀에게만 소망을 두고 그들을 위해 꿈의 땅을 밟았다. 그곳에 정착하기 위하여 부부가 이리저리 뛰다 보니, 어느 정도 원하던 것을 얻을 수 있었으나 나중에 돌아보니 자녀들은 병든 문화에 빠져 허우적거리고 있다는 뉴스를 접한 지가 이미 오래 되었다. 그 때는 내가 왜 이 곳에 왔던가 하고 후회하는 이민 부모들의 한숨소리를 듣게 되는 것이다.

　　자녀가 병든 다음 후회한들 어찌 하리, 그 때는 이미 때가 늦은 것을…

　　간질증상으로부터 치료받은 그 소녀를 볼 때마다, 우리를 포함한 내 조국 한국의 많은 맞벌이 부부들을 생각한다.

베드로가 이르되 은과 금은 내게 없거니와
내게 있는 것으로 네게 주노니
나사렛 예수 그리스도의 이름으로 일어나
걸으라 하고 (사도행전 3: 6)

어느 청년의 눈물

해질 무렵 교회 어느 청년이 상담할 일이 있다고 하며 사택에 찾아왔다.

그는 자리에 앉더니 봉투 하나를 꺼내 놓았다.

"이게 뭔가?"

"제가 병원에서 물품 관리 일을 맡았는데, 병원의 약 봉지를 새로 인쇄하게 되었어요. 그런데 업자가 나에게 자기 인쇄소에 거래를 해주어 고맙다고 준 돈이에요. 처음에는 단순히 고마워서 주는 것이라 생각하고 받았지요. 받고 집으로 오는데 양심에 가책이 되었어요".

그는 눈물을 흘리고 있었다. 그를 쳐다보는 아내와 나는 그가 너무 고맙고 대견해서 어떻게 마음을 달래줄까 애가 탔다.

"이 돈을 어떻게 하면 좋겠어요?" 아내에게 물었다.

"그 인쇄업자에게 돈을 돌려주면서 그 돈 만큼의 봉투를 더 인쇄해 달라고 하면 병원에 도움이 되겠네…" 라고 아내는 말했다.

대학을 갓 졸업하고, 병원 자재부에 취직한 그가, 어려운 생활 중에도 십일조 생활을 하며 유혹에 넘어가지 않으려고 애쓰며 잘 지내 왔었다, 그런데 미처 그것이 유혹이라는 것을 깨달을 사이도 없이 물질의 유혹을 당해 자신을 하나님 앞에 내어놓고 어찌 해야 할까 고민하고 있는 것이다.

몽골 사람들은 대부분 가난하게 산다. 그러기에 물질의 유혹에 약하다. 몽골인 목회자들도 마찬가지이다. 몽골 목회자들 중에는 교인들에게 말도 하지 않은 채 돈을 벌려고 한국으로 가버리는 이들도 있다는 이야기를 들었다.

그런데 몽골의 한 청년이 부족한 종에게 배운 말씀대로 하나님 앞에서 정직한 삶을 살려고 노력하는 모습이 참으로 귀하다.

현대는 진실한 눈물이 메말라 가고 있는 시대이다. 특히 하나님 앞에서 잘못된 자신의 모습을 내어 놓고 눈물 흘릴 때 하나님께서는 우리의 모든 잘못을 용서해주시고 우리가 흘린 눈물을 귀하게 보실 것이다.

하나님! 이 선교지에 와서, 과거의 제 모습보다 더 귀하게 성장하고 있는 한 영혼을 보게 하시니 감사합니다.

그들이 이 말을 듣고 마음에 찔려
베드로와 다른 사도들에게 물어 이르되
형제들아 우리가 어찌할고 하거늘
(사도행전 2: 37)

Chapter 4

신 김치가 필요해요

교회 설립허가를 받고

한 통의 반가운 전화를 받았다. 교회 허가서를 받아가라는 전화였다. 이게 꿈인가 생시인가? 작년에도 설립허가 신청서를 제출했는데 탈락의 고배를 맛보아야 했다. 그런데 올 해 설립허가를 받게 된 것이다. 너무 기쁘고 설레어서 잠을 이루지 못했다.

교회 허가서를 받기 위해 새벽마다 베다니마을 교회 성도들이 기도했다. 그리고 우리를 후원하고 있는 거성교회 성도들이 모일 때마다 뜨겁게 기도해 주었다.

마치 베드로가 옥에 갇히자 성도들이 베드로의 출옥을 위해 합심하여 기도했던 것처럼 하나님께서 우리의 기도를 들으시고 응답하신 것이다.

몽골에서 교회 설립허가서를 받기란 쉽지 않다. 정부에서 그 숫자를 조절하기 때문이다. 불교의 사찰 숫자 이상으로 교회를 허가하지 않는다는 방침이 있고 최근에는 허가 조건이 점점 더 까다롭게 되어 더 힘들어지고 있는 상황이다. 그래서 교회를 개척한 지 10년 이상 되었어도 교회 허가를 받지 못하는 교회들이 많다.

교회 허가를 받으면 그 허가 받은 교회는 외국인 한 가족을 초청할 수 있다. 요즈음 와서 몽골 정부는 NGO비자로 선교활동을 하고 있는 선교사들에게 입국 목적 외에 선교활동을 한다고 출국조치를 내리곤 한다.

그런 의미에서 교회 허가는 우리 부부가 앞으로 종교비자를 받을 수 있는 조건이 되는 것이다.

지금까지 나는 연세친선병원의 비자를 가지고 교회를 섬겼다. 거기에는 많은 어려움이 있었다. 왜냐하면, 병원비자로 입국한 사람은 설교를 할 수 없다는 것이다. 그래서 설교 원고를 써주어서 현지인 전도사에게 읽게 한 일도 있었고, 성도들의 가정에서 주일 예배를 드린 적도 있었다. 이제는 공식적으로 허가를 받았으니 진실로 감사할 뿐이다.

허가가 났으니 모든 것이 다 되었다는 것은 아니다. 허가도 절차가 까다롭다. 법원에 등록하는 절차, 은행에 계좌를 개설하는 절차, 등록증이 나오면 세무서에 등록하는 절차, 교회의 고무인을 지정된 곳에서 만드는 절차, 그리고 해마다 그 허가를 연장하는 절차를 밟아야 한다.

기다리고 기다리던 교회 허가서를 받아 들고 우리 가족과 베다니마을 교회 성도들은 목소리 높여 하나님을 찬양했다. 하나님께서는 교회 건물을 주시고 이제는 허가서도 주셨다. 허가서가 나온 그 주일에는 허가서를 예배당 벽에 붙여놓고 보란 듯이 감사예배를 드렸다.

하나님께서 베다니마을 교회를 이 땅에 세우시고 이 교회를 통해 하나님의 제자를 키우시고 그들을 통해 몽골과 북한과 중앙아시아 여러 나라에 주님의 복음 전하기를 원하시고 계신다.

또 내가 네게 이르노니 너는 베드로라
내가 이 반석 위에 내 교회를 세우리니
음부의 권세가 이기지 못하리라 (마태복음 16: 18)

셀 리더가 되고 싶어요

몽골에 들어오기 전 한국에서 일 년 동안 'D12 훈련'을 받았다. 'D12'는 사람을 키우는 양육 프로그램이다. 믿지 않는 사람을 교회로 인도하기 위해 가정에서 12주 동안 열린 모임을 갖는다. 12주 동안 초청된 사람들과 좋은 관계를 맺으면서 교회를 자연스럽게 소개하고 복음을 영접하도록 돕는 단계가 열린 모임이다. 행복 나눔 주일을 통해 이분들을 교회로 인도하면 양육반에서 기본적인 신앙 교육을 하고 교회에 대한 이해와 그리고 좀 더 넓은 인간관계를 만들 수 있게 한다. 그리고 제자반과 군사반 과정을 거치면서 주님의 제자요, 그리스도의 군사인 셀 리더가 되고 마지막으로 재생산의 삶 훈련을 통해 나 자신과 같은 그리스도의 제자, 군사로 셀 리더(Cell Leader)가 되게 하는 양육 과정이다.

우리 베다니마을 교회에서는 '330 세계 비전'을 가지고 이 프로그램을 시작하였다. 이는 300명의 셀 리더를 양육하고, 30명의 선교사를 파송하는 비전이다. 300명의 셀 리더를 양육한다는 것은 교회의 셀 조직이 300개가 된다는 말이다. 이 과정을 통해 선교사의 비전을 갖게 된 30명의 리더를 세계를 향한 선교사로 파송하는 비전이다.

사람을 키우는 일은 쉬운 일이 아니다. 아무리 큰 비전과 양육과정이 있다 할지라도 하나님께서 함께하시지 않으면 사람의 수고가 헛될 뿐인 것이다. 우리 교회는 개척초기부터 매주 수요일에 제자 양육 과정을, 토요일에는 전도 소그룹인 '열린 모임'을 해왔다.

어느 날 수요 양육모임에서 이 비전을 말할 때였다. 모인 성도들에게 어떤 마음가짐으로 양육 훈련에 참여케 되었느냐는 질문에 돌아가며 한 마디씩 답을 하는 시간이었다. 그때 청년회장을 맡고 있는 '덕이' 형제가 이렇게 말했다.

"목사님 제가 그 300명의 셀 리더 중 한 명이 되고 싶어요."

그 순간 내 마음 속에 진한 감동이 일었다. 사람을 변화시키는 이 귀중한 훈련을 마음 깊이 이해한 제자가 이미 생긴 것이다. 이것이 지도자의 기뿜이다. 나와 비전을 공유한 사람이 생긴다는 것만큼 보람 있는 일은 없다. 이것을 위해 하나님께서 나를 이 몽골 땅으로 보내신 것이 아닌가?

지금은 비자 때문에 제자리를 지키지 못해 연락이 되지 않지만 교회를 개척하면서 한 명의 몽골 자매를 헝가리에 선교사로 파송할 수 있었다.

몽골 땅에 주님의 복음을 위해 헌신하는 제자들을 주셔서 정말 감사하다.

한 사람 두 사람씩 제자들이 양육되고 또 이들의 충성을 통해 다른 사람들에게 생명의 복음이 전파될 것이다.

디모데후서 2장 2절에는 바울의 4대에 걸친 제자 비전이 나타나 있다. 바울은 디모데에게, 디모데는 충성된 사람들에게, 충성된 사람은 또 다른 사람들에게…

D12를 통해 하나님께서 주신 제자 양육의 비전을 몽골 땅에 실현하기 위해서는 여러 가지 준비가 필요했다.

일 년 동안 교재를 몽골어로 번역하고 한국어 교수의 감수를 마쳤다. 그리고 한국에서 인쇄를 하여 몽골로 부쳐왔다. 이 교재를 가지고 아내와 함께 양육을 시작했다. 성도들을 네다섯 군데로 나누어 열린 모임을 시작했는데 처음부터 만만하지 않았다.

왜냐하면 그들이 사는 집 '게르'는 방 하나에선 모든 식구의 식사와 씻는 것, 자는 것 등의 일상생활이 모두 이루어진다. 그런 곳을 교회의 양육 장소로 사용한다는 것부터가 애로사항이었다. 그러나 어려운 가운데서도 양육을 시작한 지 2년 쯤 되었을 때 11명의 셀 리더가 세워졌다.

우리가 기대하는 만큼의 완벽한 리더라고 말할 수는 없다. 몽골이라는 특색 때문에 애초 우리가 훈련받은 대로 그들이 받아들인다는 것은 어렵기 때문이다. 그러나 세워진 리더들에게 당신들은 이제 어린 아이가 아니라 군사요 제자라는 사실을 누누이 강조하고 있다.

정말 이 비전이 체질화된 진정한 제자요 셀 리더들이 계속 세워지기를 기대한다.

선교는 사람을 키우는 일이다. 이 땅 몽골에 진정한 예수 그리스도의 제자 한두 사람만이라도 키울 수 있다면 내가 이 몽골 땅에 온 사명을 다하는 것이라 생각된다. 그렇다면 그들이 틀림없이 이 몽골을 주님의 나라로 만들어 갈 것이다.

"제가 그 셀 리더가 되고 싶어요." 이 말에 나는 오늘도 새 힘을 얻는다.

또 네가 많은 증인 앞에서 내게 들은
바를 충성된 사람들에게 부탁하라
그들이 또 다른 사람들을
가르칠 수 있으리라 (디모데후서 2: 2)

축제가 된 결혼식

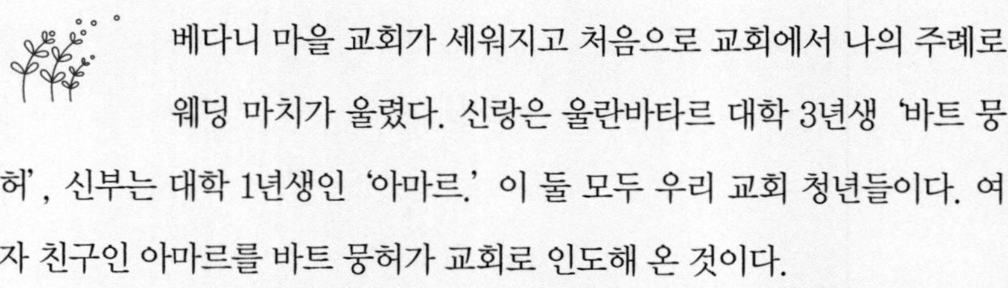

베다니 마을 교회가 세워지고 처음으로 교회에서 나의 주례로 웨딩 마치가 울렸다. 신랑은 울란바타르 대학 3년생 '바트 뭉허', 신부는 대학 1년생인 '아마르.' 이 둘 모두 우리 교회 청년들이다. 여자 친구인 아마르를 바트 뭉허가 교회로 인도해 온 것이다.

바트 뭉허는 시골출신으로 부모님이 두 분 다 돌아가시고 안 계셨다. 혼자서 울란바타르에 살면서 어느 때는 하룻밤 이슬을 피할 잠자리가 없을 정도로 어렵게 공부를 하는 학생이었다. 그런 그가 결혼을 하게 되어서 참 다행이라는 생각이 들었다. 건전하게 교제하다 교회에서 결혼식을 올리는 것은 얼마나 축복된 일인가.

몽골 사람들은 결혼식을 중요하게 생각하지 않는 경향이 있다. 그냥 살면 되지 결혼식이 왜 필요하냐는 사고방식을 가지고 있다. 그래서 결혼식 하지 않고 그냥 살다가 마음에 맞지 않으면 헤어져 버리는 일이 다반사이다. 그래서 많은 아이들이 편모 편부 슬하에서 자라고 있다.

몽골 국민 대다수가 미신을 믿기에 간혹 결혼식을 올리더라도 소위 길일이라는 좋은 날에는 너도 나도 꼭 그날에 하려 하니 한밤중에 하객들이 예식장에 모이는 것이 예사로운 일이 아니란다.

그래서 이곳에 새로운 결혼 문화를 만들어 가는 일이 참 중요하다는 생각이 들어 더욱더 정성껏 결혼식을 준비케 하였다.

비록 가난하고 어린 신랑신부들의 결혼식이었지만 정말 은혜롭게 진행되었다. 청년들은 며칠 전부터 갖가지 풍선으로 입장 아치를 만들고 꽃으로 벽을 장식하는 등 예배당을 아름답게 장식했다.

나는 결혼식 하기전 미리 신랑과 신부를 불러 부부가 어떻게 살아야 하는지에 대해 권면했다. 평생 교회를 떠나지 말고 믿음으로 살 것과 이혼하지 말 것과 낙태를 시키지 말 것을 교훈하고 그들에게 다짐을 받았다.

신랑의 턱시도와 신부 드레스는 한국인 기독교 기관에서 무료로 대여해주었고 신부 화장도 청년의 친척이 와서 봉사해 주었다. 식후에 하객들이 나눌 음식은 우리 교회에서 모든 비용을 부담하였고 여전도회 회원들이 이 일에 발 벗고 나섰다. 신랑과 신부는 교환할 선물로 커플 은반지를 준비했다. 청년들은 정성스럽게 초대장을 만들어 돌리고, 결혼식 순서지도 색지로 예쁘게 만들었다. 청년들과 여전도 회원들이 축의금을 모아 세탁기를 선물해 주었다.

드디어 기다리고 기다리던 결혼식. 온 성도들과 양가 친인척들이 모인 가운데 결혼식의 막이 올랐다.

양가 어머니들이 나와서 화촉을 밝히는 시간에 신부의 어머니와 신랑의 가장 가까운 친척이 나와서 점화를 했다. 입장하는 신랑은 턱시도를 입고 씩씩한 모습으로 들어왔고 신부는 아버지의 손을 잡고 다소곳이 입장했다. 참석한 하객들은 이 결혼식을 깊은 관심을 가지고 지켜보고 있었다.

나는 주례사를 통해 서로 아껴주고 사랑하며 돕고 살라고 권면했다. 두 사람이 결혼 서약을 하고, 성경에 손을 얹고 함께 기도했다. 그리고 이들이 부부가 된 것을 성부와 성자와 성령의 이름으로 공포하고 이어 아름다운 한 쌍의 신부와 신랑이 많은 박수를 받으며 퇴장했다.

식후엔 온 성도들이 함께 마련한 식사와 케이크로 축하연을 베풀었다.

신랑은 내내 싱글벙글하였다. 외롭게 자란 그가 이렇게 온 성도들의 관심과 배려 속에 풍성한 결혼식을 하게 될 줄 몰랐기 때문이리라.

식후 신부의 아버지는 교회에서의 결혼식이 경건하고 신선했다고 극찬을 아끼지 않았다. 선서하는 순서가 가장 좋았다며 몇 번이나 내게 고맙다고 인사를 했다.

세계적인 추세가 그렇지만 몽골의 많은 가정들이 병들어 있다. 가정이 병들면 사회가 병들고 나라가 병들 수밖에 없다. 교회와 가정은 하나님께서 직접 만드신 제도요 천국의 모형이다.

나는 몽골에 건전한 믿음의 가정을 하나씩 세워가고 싶다. 한 그루 한 그루씩 이 땅 몽골에 하나님의 천국 나무를 계속 심을 수 있으면 좋겠다. 우리 교회 청년들이 아침 이슬처럼 깨끗하게 자라서 어른이 되고 건강한 가정을 만들어 몽골의 가정들의 모델이 되었으면 하는 바람이다.

가난한 사람들이 어울려 사는 베다니마을의 결혼식은 서울의 화려한 호텔에서 하는 결혼식에 비하면 초라하기 그지없었지만, 하나님께서 함께 하시고 축복해주신 아름다운 결혼식이었다.

바트 뭉허와 아마르는 오늘도 싱글벙글하며 성가대에서 봉사하고 있다.

말씀하시기를 그러므로 사람이
그 부모를 떠나서 아내에게 합하여
그 둘이 한 몸이 될지니라 하신 것을
읽지 못하였느냐 (마태복음 19: 5)

도난 사건

몽골에 와서 여러 번의 도난 사건을 겪었다. 한번은 우리 집에서 예배를 드릴 때였다. 어떤 사람이 살짝 문을 열고 들어와 남자 구두를 훔쳐 가 버렸다. 예배를 마치고 신발을 잃어버린 성도는 우리 집에 있던 신발을 신고 집으로 돌아가야 했다. 다행히 그분이 한국 사람이어서 덜 곤란했다. 나중에 들으니 훔쳐간 신발을 시장에 가서 팔면 5000원을 받을 수 있다고 했다.

우리나라에도 그런 시절이 있었다. 눈 감고 기도하는 시간에 신발을 훔쳐가거나 좋은 신발로 바꿔 신고 가는 일들이 일어나곤 했다. 몽골의 지금이 40여 년 전 우리나라처럼 어려운 시절이 아닐까 하는 생각이 든다.

두 번째 도난 사건은 새 예배당에 입당하여 얼마 되지 않았을 때였다. 한국에서 올 때 가지고 온 대형 전기밥솥과 큰 소쿠리들이 없어진 것이다. 새 밥솥이라서 몹시 아까웠다.

세 번째 도난 사건은 올해 발생하였다. 우리 방 난방장치 교환 공사를 하고 있었기에 공사 책임자에게 열쇠를 맡겼다. 이날 저녁 교단 선교사들의 모임이 있어서 저녁 늦게 돌아왔다. 주일에 빔 프로젝트를 사용하려고 보니 고가의 장비가 없어진 것 아닌가? 일하던 3명 중 한 명이 손을 댄 것 같은데 심증은 가나 물증이 없었다. 그래서 주일예배를 아주 혼란스러운 가운데 드렸다. 좋은 품질의 고가인 장비를 도난당하고 나니 너무나 서운하였다.

그 후 주일에 3층 목사관에서 2층 예배실로 갔다 오는 사이 아내의 현금과 통장이 든 가방이 없어졌다. 교회 헌금이 함께 들어 우리에게는 거금이었는데 없어진 것이다. 나중에 쓰레기통에 버려진 통장이 든 가방을 은행에서 전화가 와 찾아오긴 했지만 너무 아까웠다.

몽골에서는 도난 사건이 빈번하게 발생하기 때문에 신경을 많이 써야 한다.

몽골에는 일정한 직업이 없는 남자들이 절반을 넘는다. 먹고 살 길이 없으니 남의 물건에 손대는 사람이 많다. 밖에 세워둔 자동차 백미러는 4번이나 도난당했다. 그것을 헐값에 팔면 당장 돈을 만들기 쉽기 때문이다. 그래서 선임 선교사들은 멀쩡한 백미러를 칼로 그어 흠을 만들어서 상품이 되지 못하도록 아이디어를 낸다고 한다.

우리가 한국에 와 있는 동안에도 차고의 자물쇠를 부수고 도둑이 들었다는 소식을 들었다.

오래 전, 칠레 선교사로 부임했던 동생이 이사 화물을 한국에서 칠레로 보냈는데, 칠레 세관에서 상당 양을 분실해 버린 경험이 있었다. 동생은 나에게 이렇게 말했다.

"형님 마음은 섭섭하지만 그들에게 주기 위해서 왔는데 미리 주었다고 생각하지요."

주기 위해 가져왔지만 스스로 원해서 준 것이 아니고 빼앗겼다고 생각하니 섭섭하고 안타까운 마음이 든다. 그래도 어찌 하랴? 우리 민족도 살기 어렵던 시절, 그렇게 살지 않았던가. 동생의 말처럼 그들에게 주기 위해 왔는데 미리 주었다고 생각하고 마음을 편히 가져야지. 가난하게 살았던 한국 민족이 복음을 받고 복을 받아 이제 세계 상위 10위권의 나라가 되었다. 이 몽골 민족도 한국 민족처럼 복음을 받고 복을 받아 영육이 부요하게 되는 날이 속히 오기를 기도한다.

자기 아들을 아끼지 아니하시고
우리 모든 사람을 위하여 내 주신 이가
어찌 그 아들과 함께 모든 것을
우리에게 주시지 아니하겠느냐? (로마서 8: 32)

선교지의 위험

어느 선교지든 여러 가지 위험이 기다리고 있기 마련이다. 우리와 함께 선교훈련을 받으신 허태준 선교사는 선교지에 부임하신 지 얼마 되지 않아 아프리카 밀림 지역에 들어갔다가 차가 뒤집혀 순교하였다. 훈련 동기로는 가장 어리신 분이었고 아프리카에 대한 넘치는 열정으로 그날도 심방을 위해 먼 길을 가던 도중이었다. 젊은 나이에 소천하셔서 본인은 하나님 나라에서 편히 쉬고 계시겠지만 이 땅에 남게 된 사모님과 어린 아이들이 살아갈 일이 어찌 만만할 것인가? 소식을 듣고 안타깝고 착잡하기 그지없었다. 또 러시아의 한 선교사는 폭력배에게 맞아서 순교하였다.

우리가 사는 몽골에도 선교사들에게 위험한 일이 많이 일어나고 있다. 얼마 전 한 선교사님이 밤에 집 앞의 슈퍼마켓에 갔다가 길에서 여러 명의 괴한들에게 폭행을 당하고 소지품을 모두 빼앗기는 사고가 발생하였다. 구타를 당해 입술이 많이 찢어져 우리 병원에서 봉합수술을 받아야 했다. 몸이 만신창이가 되어 오랫동안 일어날 수도 없었다.

며칠 전에는 혼자 사는 여 선교사 아파트에 괴한이 침입하여 컴퓨터와 물건을 훔쳐갔다. 마침 다른 사람이 그 방에 들어와서 그나마 다행이었지만 온 몸에 많은 상처를 입었다고 한다. 우리 교회 한 남자 청년은 대낮에 울란바타르 한적한 곳에서 깡패들을 만나 가지고 있던 핸드폰과 돈을 다 빼앗긴 일이 있었다. 얼굴에는 많은 상처가 나기도 했다.

이뿐 아니라 낮에는 차들이 얼마나 난폭하게 질주하는지 위험천만하다. 마치 말이 달리듯이 앞으로 나가는 것에만 익숙하지 양보하는 모습을 찾아 보기 어렵다.

백화점이나 큰 시장에 가면 도둑이 많아 위험하다. 몽골에는 민족주의 열혈 청년들이 국가의 보호를 받으면서 폭력을 행사하고 있다. 그들은 근본적으로 외국인을 싫어한다. 몽골에서는 경찰의 도움을 받는다는 것도 어려운 일이다. 설사 도움을 받기 위해 불렀다고 하더라도 자국민 보호가 우선이어서 우리가 혜택을 받기는 쉽지 않다.

몽골 여자와 결혼하여 이곳에 와 있는 한 성도는 새벽기도를 하려고 가던 길에 깡패를 만나 안경이 깨지고 상처가 나서 오랫동안 고생을 했다.

나랑톨이란 시장에는 정말 소매치기가 많다. 한 한국 사람이 자기 주머니에 손을 넣는 소매치기를 발견하고 그 손을 뿌리치면서 소리를 질렀다고 한다. 그랬더니 그 소매치기가 도리어 이 외국인이 자기에게 폭행을 한다고 소리쳐서 도리어 자기가 가해자가 될 뻔 했다고 한다.

선교사가 가는 길에는 위험이 도사리고 있다. 사도바울도 선교하면서 여러 가지 위험을 당한 것을 고백하였다. 강과 바다의 위험, 강도의 위험과 동족의 위험과 여러 위험을 당한 사실을 말했다.

경제사정이 어려운 저개발국가엔 개인 신변에 대한 위험이 상대적으로 더하기 마련이다. 이런 어려움에도 불구하고 하나님께서 이들의 마음을 어루만지시고, 이 나라를 축복하실 것을 믿는다.

우리 교회 성도들을 보면 하나같이 순수하고 예뻐 보인다. 나의 목회를 이해하고 존경하며 잘 따라주니 정말 고마운 일이다. 이들을 보면서 몽골 사람들에 대한 좋은 인상을 가지려고 애쓴다.

선교지에서의 위험은 항상 있기 마련이지만 그런 가운데에도 우리를 여기까지 인도하신 하나님께 감사드린다. 하나님의 주신 일을 할 때마다

분별의 영과 지혜를 주셔서 이러한 위험을 잘 극복하기를 기도한다. 하나
님께서 때마다 일마다 함께 하시고 당신의 교회와 선교사를 지키시고 인도
하실 것이다.

우리는 우리 자신이 사형 선고를 받은 줄 알았으니
이는 우리로 자기를 의지하지 말고
오직 죽은 자를 다시 살리시는 하나님만
의지하게 하심이라 (고린도후서 1: 9)

신 김치가
필요해요

베다니마을 교회의 헌당식을 준비하느라 바쁜 중이었다. 아내 이 목사는 200여명을 위한 식사 준비로 분주했다. 시장을 보러가는 차 안에서 아내는 '신 김치가 필요한데…' 라고 하면서 어느 여 선교사에게 전화를 했다.

빈대떡을 부치고 싶은데 그러려면 신 김치가 필요하다는 것이다. 그런데 누가 그런 것을 준비해 놓고 기다릴 것인가?

우리는 신 김치 구하기기 쉽지 않을 것을 알면서 고기를 사러 'S' 쇼핑센터정육점으로 향했다. 그 정육점의 주인은 한국 사람이다. 한국 사람들이 고기가 필요하면 늘 그곳에서 고기를 사곤 하는데 아내가 느닷없이 그

남자 주인에게 "혹시 신 김치 있어요?" 하고 묻는다. 영 맞지 않는 질문이 아닌가? 가끔 김치를 갖다 팔기도 하지만 신 김치를 일부러 준비해두고 파는 사람이 어디 있을까?

그런데 "조금 기다려 보세요." 하더니 그가 김치 상자를 들고 나타났다.

"이 김치가 필요하면 그냥 드세요. 유효기간이 지나 시어져서 팔지 못하고 있던 것인데 아직 먹을 수는 있을 거예요."

'야 정말 절묘하다. 어떻게 그렇게 맞아 떨어질까.' 그날 우리는 김치를 싣고 오면서 기뻐하며 우리의 필요를 채워주시는 하나님께 감사드렸다.

우리는 반 상자가 넘는 '신 김치'를 헌당식 때 전을 부치는 데 유용하게 사용했다.

〈죽으면 죽으리라〉란 책의 저자 안이숙 여사는 감옥 안에서 "사과가 먹고 싶어요." 라고 기도드렸다고 한다. 며칠 후, 감옥에 언 사과를 나누어 주어 실컷 먹었다고 하는 글을 읽었다. 꼭 필요한 사람에게 때를 맞춰 주시는 하나님, 신 김치를 딱 감추어 두셨다가 필요한 우리에게 떨어뜨려 주시는 하나님은 참 재미있는 분이시다.

교회를 개척하고 제일 필요한 사람이 반주자였다. 그런데 하나님께서 한 반주자 자매를 보내주셨다. 선교사 자녀학교에 자원봉사자로 오신 김민경 선생님이었다. 반주하면서 성가대도 만들어 찬양을 할 수 있게 하신 분이다. 그리고 자기가 없을 때를 대비, 신네라는 남자 청년에게 피아노를 가르쳐 반주를 맡길 생각이었다. 그러나 단기간에 반주할 실력을 쌓기는 힘들다. 임기를 마치고 한국으로 돌아갈 때가 되자 마침, 하나님께서는 몽골에 정부파견 봉사단인 KOICA 요원으로 온 황신희 선생을 보내주셨다. 황 선생도 어윤게렐이란 여학생에게 반주를 가르쳤고 1년을 잘 봉사하고 떠날 때가 될 즈음 어떻게 하나 하고 생각하고 있는데, 신학교 동기생 한 사람이 미국에서 메일을 보내왔다.

'우리 청년 하나가 몽골에 KOICA 요원으로 가는데 피아노를 잘 친다. 잘 영접해 주기 바란다' 는 내용이었다.

김이나 선생 역시 1년을 열심히 봉사하며 어윤게렐이 음대에 진학할 수 있게 꾸준히 그를 도와주면서 함께 반주를 하게 되었다. 우리가 안식년으로 한국에 나올 즈음 김이나 선생이 코이카 자매에게 반주자 자리를 내어 줄 예정이었다.

이제 더 이상 반주자 걱정을 하지 않아도 된다. 어윤게렐이 음대에 진학하여, 피아노 연주를 꽤 잘하는 반주자가 되었기 때문이다.

교회는 하나님의 교회이다. 그래서 하나님께서 교회에 필요한 사람과 필요한 것들을 때에 맞추어 보내시고 필요를 채워주신다.

하나님께서 교회를 위해 여러 분야에 다양한 은사를 가지신 분들을 보내주셨다. 예배당과 붙은 건물 안에서 살고 있는 우리는 항상 문제들 속에서 살아간다. 하루는 비가 새고, 다음날에는 전등이 나가고, 하수구가 막히고, 전선이 끊어지고, 수도관이 새고…… 그런데 이런 자잘한 일에 타고난 재주와 성실성을 가진 '가수렁'을 보내주셨다. 나는 그의 도움에 얼마나 위로를 받았는지 모른다.

교회 컴퓨터를 관리하는 일을 위해 컴퓨터학과를 졸업한 '터기'를 보내주셨다. 나는 돈을 계산하자면 머리가 아픈데, 교회 재정을 맡길 만한 사람들을 보내주셨다. 장로회 신학대학에서 파송한 젊은 신학도 단기 선교사들도 와서 자신이 할 수 있는 일들로 선교지의 교회를 돕고 때가 되면 돌아간다. 이들도 외로운 선교사들에게 얼마나 힘이 되는지 모른다.

선교지에서 때마다 일마다 하나님은 우리의 필요를 채워주신다. 사도 바울에게 누가와 실라와 바나바를 동역자로 주신 하나님.

오너가 직원을 출장 보낼 때 그에게 필요한 모든 것을 포함하여 보낸다. 교통비, 음식비, 숙박비, 업무추진비 등·출장을 가는 직원은 비용에 대해서 따로 걱정할 이유가 없다. 우리를 이곳에 보내신 하나님께서 우리

의 필요를 먼저 아시고 채워주실 것이다. 그러므로 염려하지 말고 우리의
필요를 날마다 때마다 채워주시는 하나님을 바라보자.

우리 가운데서 역사하시는 능력대로
우리가 구하거나 생각하는 모든 것에
더 넘치도록 능히 하실 이에게 (에베소서 3: 20)

배가 잘 안 들어가네요

몽골의 겨울은 너무 춥기에 겨울에 실외에서 운동하는 것은 생각할 수도 없다.

겨울이라도 운동은 꼭 해야 하기에 어디 운동할 곳이 없는가 하고 찾던 중 아파트 근처에 있는 헬스클럽을 발견하고 등록을 하였다.

회비는 한국 돈으로 월 삼만 원 정도였다. 어느 날 오후에 운동을 하고 있는데 한 중년 남자가 허리에 벨트를 대고 진동을 주면서 열심히 운동하고 있었다.

"오래 운동을 했는데 배가 잘 안 들어가네요."

내가 보아도 배가 많이 나온 분이었다. 몽골에는 배가 나온 사람들이 많다. 길가는 사람들을 보면 남녀 불문하고 거의 임신 7-8개월 정도로 보인다.

그리고 몽골 사람들은 배가 나온 것을 자랑으로 여기는 것 같다. 과거 우리나라에서도 배 나온 사람들을 부러운 눈으로 쳐다보던 때가 있었다. 그러나 지금은 복부 비만은 부러움의 대상이 아니라 측은함의 대상이다.

몽골인들이 배가 나온 이유는 육식을 주식으로 하기 때문이다.

사람들은 어릴 때 습관적으로 먹어온 음식을 좋아하기 마련이다.

몽골은 목축국가이고 추운 나라이기에 추위를 이기려면 기름기를 많이 섭취해야 한다. 그들은 조상 적부터 육식을 주식으로 삼아왔다. 양고기, 소고기, 돼지고기, 말고기, 낙타고기 등. 그저 환경에 따라 먹어 온 것이 고기이다.

이곳은 워낙 추운 탓으로 채소가 잘 자라지 않는다. 그래서인지 채식은 아예 싫어할 뿐 아니라 말이나 양이 먹는 풀을 사람이 왜 먹느냐고 반문할 정도이다.

한국에서 오신 어느 식품 영양학과 교수님이 학생들에게 채식에 대한 강의를 하고 학생들 몇 명을 자기 집에 초대하여 식사를 대접하였다고 한다.

깻잎을 튀겨서 반찬으로 식탁에 올렸는데 학생들이 이것이 무엇이냐고 물어서 그것은 깻잎이라고 했더니 학생들이 짐승들이 먹는 음식을 왜 우리가 먹느냐고 했다는 이야기를 들었다.

지금도 비닐하우스에서 배추나 상추 등을 키우는 곳이 몇 군데 있지만 추운 날씨 때문에 연료비가 많이 들고 판로도 한인들 외에 신통치 않아 별 재미를 못보고 있다.

시장에 가면 중국에서 열차편으로 들어오는 채소들을 주로 팔고 있다.

육식 때문에 불룩 나온 배를 헬스로 단 기간에 들어가게 하는 것은 어려운 일이다. 40세가 넘으면 심장질환, 관절염, 고혈압, 당뇨병 등 많은 심혈관계 질환에 시달리게 된다. 그래서 몽골인의 평균 수명은 약65세 정도로 한국 사람들보다 15년 정도 평균수명이 짧다.

지금 몽골에는 뛰어난 의술로 질병을 치료해 주는 것도 필요하지만 더 근본적인 대책은 식생활 개선 운동을 전개하여 국민들의 의식을 계봉하는 것이다.

몽골인들의 구강상태 또한 너무 좋지 않다. 20살이 되면 틀니를 해야 하는 청년들이 많다.

왜냐하면 몽골인들은 손님 대접하는 것을 가장 중요하게 여겨 손님이 오면 고기와 사탕 종류를 꼭 내어 놓기에 구강상태가 심각할 정도로 좋지 않다.

치과에서 그들의 치아를 치료해주는 것보다 더 중요한 것은 국민구강 보건에 대한 계몽을 하는 것이다.

그래서 나는 몽골 형제들과 함께 오래 살기 운동 NGO를 만들었다.

우선 오래 살기 위한 10가지 충고를 만들었다.

1. 육식을 줄이자

2. 술, 담배를 금하자

3. 소금, 설탕 사용을 줄이자

4. 채식을 많이 하자

5. 개인위생 관리를 잘하자

6. 공중도덕을 지키자

7. 건강검진을 정기적으로 하자

8. 규칙적으로 운동하는 생활을 하자

9. 교통질서를 잘 지키자

10. 행복하고 기쁜 마음으로 살자

이 10가지 충고에 대해 알고자 요청해 오면 찾아 가서 강의를 하고 있다. 다행히 몽골에서는 한국의 새마을 운동을 배워와 전 국민을 대상으로 잘 살기 운동을 펼치고 있다. 새마을 운동은 국민의 의식을 깨우치는 운동이다.

몽골 새마을 운동 본부장이 우리 베다니마을교회 새 교우로 등록을 했다.

그래서 얼마 전 전국 새마을 운동 임원들을 대상으로 식생활 개선에 대한 강의를 한 적이 있다. 또 몇 방송국을 찾아가서 식생활 개선에 대하여 방송해 달라고 원고를 주었다. 그러나 그들은 방송국의 수입을 늘이는 데 관심이 있을 뿐 사회 계몽에 대해서는 관심이 적다.

병원에서 환자를 치료하는 일도 중요하지만 더 근본적인 해결책은 예방의학과 국민 계몽이 더 필요한 시점이다.

오래지 않아 몽골인들도 평균 수명이 늘고 행복하고 건강하게 되기를 바란다. 그 일을 위해 오늘 내가 몽골에 와 있는 것이다.

사랑하는 자여 네 영혼이 잘됨같이
네가 범사에 잘되고 강건하기를
내가 간구하노라(요한삼서 1장 2절)

Chapter 5

살든지 죽든지

살든지 죽든지

몽골 연세친선병원 안에는 심재학 기념 의학 도서관이 있다. 심재학 씨는 고려대학교 의과대학을 졸업하고 인턴시절 몽골 선교의 꿈을 꾸었다. 그는 인턴 생활을 하면서 선교를 하기 위한 준비를 했었다. 그런데 모든 준비를 마친 선교의 출발선에서 안타깝게도 암으로 하나님의 부름을 받았다. 그의 인생은 허무하게 끝난 것처럼 보였으나 그렇지 않았다.그가 품은 뜻을 이해하고 기억하는 친구와 후배들이 그의 뜻을 이어 몽골에 의료 선교사로 오게 된 것이다.

외과의사로서 몽골에 첨단 외과수술 기술을 전수해 준 박 선생이 바로 그런 분이다. 그는 몽골에 의료 선교사로 와서 첨단 의학 기술을 가르쳤고 많은 교회를 세우고 젊을 사람들을 하나님의 일꾼으로 세워 놓았다. 그뿐 아니라 연세병원 안에 그의 뜻을 기려 심재학 기념도서관도 마련했다. 살아생전 그가 소장했던 의학 책을 비롯한 신앙서적과 여러 책들을 기증하여 도서관을 만든 것이다. 이곳에서 연세병원 가족들이 아침마다 모여 하나님께 예배를 드리고 있다. 그가 꿈꾸었던 비전을 하나님께서 이렇게 이루어 주신 것이다.

어느 병원 암 병동에 두 사람이 입원하였다. 한 사람은 의사인데 임파선 암환자였고 또 한 사람 백혈병 환자는 유명회사의 부장이었다. 두 사람 모두 신실한 그리스도인이었으며 선교 지향적인 삶을 살기 원하고 있었다. 그러나 둘 다 힘든 병을 앓게 되어 부모와 친척 친지들이 그를 위해 기도하고 기도하였다.

"하나님 저를 낫게 하시면 몽골에 의료 선교사로 가겠습니다." 라고 서원한 암 환자였던 심재학 씨는 29세에 하나님 나라로 부르심을 받았다.

"저를 고쳐주시면 주님의 종으로 살겠습니다."라고 기도한 1%밖에 소생 가능성이 없었던 S 부장은 기적적으로 나음을 얻었다. S 부장은 하나님께 약속한 대로 남은 삶을 주의 종으로 살기 위해 신학교에 입학하였다.

비록 심재학 씨는 몽골 의료 선교사로 가고자 하는 꿈을 이루지 못하고 하늘나라로 갔지만 그의 친구 박 선생은 먼저 간 친구의 선교의 비전을 이루기 위해 몽골에 의료 선교사로 자원한 것이다.

S 목사는 신학대학을 졸업하고 인천 O교회의 담임 목사가 되었다. 그리고 2009년 여름 해외 단기 선교 차 몽골을 방문했다가 연세친선병원 아침 예배 때 말씀을 전하게 되었다. 그 예배 장소가 마침 연세친선병원 의학 도서관이었다. S 목사는 함께 암 병동에서 투병했던 심재학 씨의 기념패를 이곳에서 보고 놀라움을 금치 못했다.

이것이 하나님의 역사이다. 하나님은 합력하게 선을 이루시게 하시는 분이시다.

한 사람은 죽어서도 친구를 통해 몽골에 선교를 하고, 한 사람은 살아서 선교사역을 한 것이다. S 목사는 나의 신학교 동기이기도 하다. 나는 연세친선병원에서 설교하시는 S 목사의 설교를 들으면서 그 두 사람을 사용하시는 하나님의 역사를 묵상하였다. 살아서 주의 일을 할 수도 있고 죽어서도 주의 일을 할 수 있음을 깨달았다. 하나님은 그 분의 뜻대로 사람을 사용하신다.

우리가 살아도 주를 위하여 살고 죽어도
주를 위하여 죽나니 그러므로 사나 죽으나
우리가 주의 것이로다 (로마서 14: 8)

복음을 위한 밑거름 순교자

2006년 한 해 동안 몽골에서 두 명의 순교자를 보았다.

지난 2006년 12월4일에 이사벨 선교사의 장례식이 있었다. 이사벨 선교사는 31세의 미혼으로 스위스 출신의 선교사이다. 4년 동안 고아들을 섬기는 사역을 하던 중 무지개 고아원에 화재가 발생하였다. 12명의 고아들을 대피시키고 본인은 미처 빠져 나오지 못하고 그만 하늘나라로 가셨다. 아름다운 나라 스위스를 떠나 겨울에는 세계 최대의 대기 오염국가인 몽골에 와서 하나님의 사랑을 죽기까지 실천하고 그녀는 떠났다. 그녀는 꽃다운 나이에 아름다운 순교의 제물이 되었다.

2006년 4월5일에는 최순기 선교사의 장례식이 있었다. 몽골에 온 지

13년이 되었고 63세의 나이로 하나님의 부르심을 받았다. 미국에서 늦게 신학을 공부하고 몽골 선교사로 오신 분이다. 그의 선교는 남다른 데가 있었다. 그의 몽골에서의 사역엔 항상 성령의 불 같은 역사가 함께했다. 그뿐 아니라 북한 동포들을 향한 상한 심령이 절절이 묻어있는 사역을 하셨다.

그는 미국에서 항생제를 기증 받아서 북한에 전달하는 일을 여러 차례 하였다. 그리고 항생제를 가지고 북한에 들어가셨다가 그곳에서 심장마비로 하나님의 부름을 받으셨다. 그의 소탈한 웃음, 열정을 다하는 설교, 함께 뛰면서 키운 제자들, 사역자들 · 몽골 새 생명 교회는 그의 열정이 남아 있는 곳이다.

그는 미리 작성한 유언장에 내가 죽으면 몽골에 묻어 달라고 했다. 그가 오랫동안 살았던 미국, 모든 가족이 있는 미국이 아니라 몽골이었다. 가는 곳마다 아름다운 공원이 있는 천국 같은 미국이 아니라 황량한 땅 몽골에 묻히기를 원했다. 그리고 장례식은 천국에 입성하는 자리이니 '할렐루야'를 불러달라는 유언이었다. 마치 자신이 언제 부름을 받을지 알고 있었던 사람처럼 그는 자신의 장례식까지 준비해 두고 가셨다.

장례식에서 우리 한국 선교사들은 모두 "할렐루야"를 불렀다. 그는 그의 마지막 생을 찬란하게 장식하고 천국으로 입성한 가장 복 있는 선교사였다. 이 세상에서의 삶을 성공적으로 살다 가신 최 선교사님의 마지막 모습을 보면서 우리는 부러워하고 또 부러워하였다. 하나님의 영광을 위해 살다간 하나님의 종 최순기. "세상이 감당하지 못하던 순기가 주님의 품에"라는 유언대로 믿음의 열정을 불태웠던 새 생명 교회 마당에 그의 묘비가 우뚝 서 있다. 그가 키운 교회 지도자들은 "아버지! 아버지!"하면서 오열했다. 그는 하늘나라로 갔지만 새 생명 교회에는 그가 세운 지도자들이 눈을 부릅뜨고, 교회를 섬기고 있다.

장례식에 참석한 사람들은 모두 '이 땅을 떠나는 순간이 축제의 시간이 되면 얼마나 좋을까' 라고 생각했을 것이다.

내가 이 세상을 떠나는 날 '할렐루야' 를 불러 준다면 감사하겠지만, 찬양을 준비하는 사람들이 힘들 것 같고 해서 찬송가 492장이 적당할 듯하다.

"잠시 세상에 내가 살면서 항상 찬송 부르다가…"

하루 종일 밖에서 놀다가 해질 무렵 밥 먹으라고 부르시는 어머니의 음성을 듣고 집으로 달려가는 아이처럼 모든 하던 일을 멈추고 기쁘게 본향인 안식처로 돌아가리라.

몽골 땅에도 순교의 피가 교회의 거름으로 쌓이고 있다. 수많은 서양 선교사님들의 순교의 터, 믿음의 선진들의 순교를 통해 100여 년의 선교

역사를 꽃피운 한국 교회처럼 몽골에도 선교의 제물을 통해 복음의 꽃이
활짝 필 것을 기대한다.

바울이 대답하되 여러분이 어찌하여
울어 내 마음을 상하게 하느냐
나는 주 예수의 이름을 위하여
결박당할 뿐 아니라 예루살렘에서
죽을 것도 각오하였노라 하니 (사도행전 21: 13)

업고 다니는 새벽기도회

몽골에서는 겨울에는 한국교회처럼 새벽 5시에 새벽기도회를 할 수가 없다.

왜냐하면 아침 7시가 되어야 버스가 운행되 혹독한 추위에 바깥에서 3분만 있으면 몸이 얼기 때문이다. 그러므로 차 없이는 움직일 수 없기에 새벽에 나올 수가 없는 것이다.

또 몽골 사람들은 아침에 늦게 일어나는 생활 습관을 가지고 있다. 그래서 어쩌면 새벽기도회는 그들의 정서를 무시하는 것으로 비춰질 수 있다.

우리 교회는 개척교회이고 대부분 믿은 지 얼마 안 되는 초신자들이 많다. 그래도 교회에 기도의 불씨를 끄고 싶지 않아서 10월, 다른 교회가 기도회를 쉴 때도, 우리는 새벽기도회를 계속했다. 아침 7시에 시작하니 새벽기도회가 아니고 정확히 말하면 '아침기도회'이다. 기도회에 참석하기 원하는 사람들을 위해 6시부터 차 운행을 시작한다.

날씨가 너무 추워 '난방차고'에서 차를 꺼내는 일도 쉽지 않다. 자동차 엔진 룸이 얼다시피 하여 시동을 켜고 바로 출발할 수도 없다. 대부분 길이 빙판이어서 미끄럽고 교통사고의 위험이 많다. 어느 날 새벽에는 교회 앞 큰 도로에서 무심코 브레이크를 밟다가, 빙판에 차가 미끄러져 반 바퀴 정도 돌았다. 마침 지나가는 차가 없어서 사고는 나지 않았으나, 새벽에 차를 모는 일은 그만큼 위험하다.

나는 새벽기도회를 '업고 다니는 새벽기도회'라 생각한다. 일일이 성도들을 깨워 차에 태워 업고 다니며 기도를 가르쳐 놓으면 언제인가 그들이 스스로 기도하게 될 것이라 믿는다. '신내'라는 형제는, "목사님 내일 새벽에 좀 깨워주세요"라고 전날 나에게 부탁하지만, 다음날 새벽에 전화로 깨우면 일어나지 못하는 때도 있다. '게르' 안이 춥기 때문에, 한번 누워서 체온으로 잠자리가 덥혀지면 새벽에 빠져나오기가 힘들기 때문이다.

10명 내외가 출석하는 기도회이지만 기도의 불씨는 살아 있다. 하나님 말씀도 새벽에 내리는 '만나'처럼 은혜롭다. 레위기에 보면 제사장은 상번제를 드리되 아침저녁으로 제물을 드리고 번제단의 불을 계속 피워야 한다. 향단의 향을 늘 피워놓아야 했다. 즉 기도의 불씨, 성령의 불이 꺼지지 않게 해야 한다.

지금은 우리가 그들을 업고 다니지만, 나중에는 그들이 몽골의 다른 영혼들을 업고 다니리라. 이 동토의 땅 몽골에 번제단의 불이 꺼지지 않도록 먼저 내가 깨어 있지 않으면 안 된다.

발레리나 강수진은 기숙사의 불이 꺼지고 난 후에도 혼자서 조금 더 연습하고 잠자리에 들었다고 한다. 그 결과 그는 세계적인 발레리나가 되었다. 그녀가 출연한 '조그마한 차이가 큰 결과를 낳는다' 는 TV광고가 생각난다. 말씀과 기도는 반드시 해야 하는 경건의 훈련이다. 이 기도의 훈련이 성도들이 자립하는 신앙의 밑거름이 되기를 소망한다.

**새벽 아직도 밝기 전에 예수께서 일어나 나가
한적한 곳으로 가사 거기서 기도하시더니 (마가복음 1: 35)**

사명의 사람

박 장로님은 내가 몽골에 처음 왔을 때 연세친선병원 원장으로 섬기고 계셨다. 참으로 부드러우시고 겸손하시며, 유머 감각이 넘치시고 남의 처지를 배려하고 섬기는 생활이 몸에 배어 있는 분이셨다. 그리고 욕심이 없는 분이셨다.

"나는 75세까지만 살게 해달라고 하나님께 기도하고 있습니다."라고 말씀하시곤 했다. 내가 처음 몽골에 와서 정착하는 과정에서 장로님의 도움이 절대적이었다. 나는 장로님의 등에 업혀서 살았다. 장로님의 차를 타고 교회와 병원을 오가면서 생활하다가 1년이 지나서야 내 차를 구입하여 겨우 자립하였다.

작년 병원에 초음파 장비를 새로 구입하여 그 구입한 기념으로 선교사들이 초음파검사를 하게 되었다. 뜻밖에 박 장로님의 간에 이상이 있음이 발견되어 한국에서 정밀검사를 받았는데 간암이 상당히 진행되어 있는 상태였다. 장로님은 수술하는 것을 완강히 거부하셨으나 가족들의 간청으로 간의 우엽을 절제하는 수술을 받으셨다. 그러나 얼마 후, 간암이 폐로 전이되어 있음을 알게 되었다. 신장의 일부도 암 조직이 있음이 발견되었다.

대강의 치료를 받으신 후 장로님은 다시 선교지 몽골로 들어오셨다. 아가페 복지원을 신축하시다가 정밀검사를 받기 위해 한국으로 들어가셨다가 그 일을 다시 추진하시기 위해 돌아오신 것이다. 그 때 몽골에 오셔서도 그의 유머는 여전하시고 표정도 정말 밝으셨다. 복지원이 완공되어 서울의 후원교회 목사님과 성도님들이 오셔서 헌당식예배를 드렸다. 장로님은 헌당식 인사말에서 "나는 이 복지원 때문에 죽지 않고 지금까지 살고 있습니다"라고 하였다.

"관제와 같이 벌써 내가 부음이 되고 나의 떠날 기약이 가까웠도다."
(딤후 4:6)
사도 바울처럼 그는 생의 마지막까지 최선을 다해 선교하셨다.
오뚝이처럼 넘어지면 다시 일어서고, 또 일어서고 복음의 오뚝이, 사명

의 오뚝이, 사명을 향해 달려가시는 장로님.

그렇게 장로님은 몽골 사람들을 섬기시다가 하나님의 부름을 받으셨다. 정말 멋지게 사시다가 가셨다.

우리 교단의 정홍재 목사님께서는 안식년을 맞이하여 한국에 나가서 건강검진을 받았는데 위암이 진행 중임을 발견하게 되었다. 정 목사님은 위암 수술을 받으시고 그 힘든 항암치료를 5차례 모두 받으셨다. 그리고 다시 가족과 함께 선교지 몽골에 오셨다.

나는 너무 반가워서 정 목사님을 와락 껴안았다. 그런데 수술하고 너무 야위어서 가슴이 움푹해지셨다. 순간 가슴이 뭉클해지고 눈물이 나왔다. 그 연약한 몸을 안고 온 가족이 함께 불을 향해 달려가는 부나비처럼 선교지에 다시 오셨다. 정 목사님은 참으로 사명의 사람이다.

세례요한은 30세의 짧은 생을 살았다. 그는 광야의 토굴에서 잠을 자고 음식은 메뚜기와 석청을 먹으며 낙타털옷을 입었다. 그에게는 일상생활을 위한 생계는 조그맣게 보였고 사명은 크게 보였다.

현대 그리스도인들은 생활은 크게 보이고 사명은 조그맣게 되어 버린 것은 아닌지.

우리 주님은 33세의 생애를 사명으로 사셨다.

십자가에서 "다 이루었다"는 주님의 선포는 우리를 구원할 사명을 다 완수하셨다는 말씀이다.

우리도 생활에 매여 살지 말고 사명의 삶을 살자.

우리가 주목하는 것은 보이는 것이 아니요
보이지 않는 것이니 보이는 것은 잠깐이요
보이지 않는 것은 영원함이니라 (고린도후서 4: 18)

푸르공

몽골에는 '푸르공'이란 차가 있다. 이 차는 러시아에서 만든 9인승 승합차인데, 몇 년을 지나며 보는데도 볼 때마다 익숙하지 않고 낯설기만 하다. 우선 차의 생긴 모습이 바퀴 위에 덩그렇게 커다란 성냥갑을 올려놓은 것처럼 보인다. 앞면은 마치 만화에 등장하는 꼬마자동차 '붕붕' 처럼 생겼는데 어쨌든 이상하게 생겼다. 한 마디로 미적인 감각과는 거리가 먼 차이다. 내부도 전자 장치는 하나도 없다. 에어컨 장치도 없고 오토매틱 장치가 없는 것은 물론이다. 단지 차가 주행하는 데 필요한 장치만이 있다.

여름에 동료 선교사님들과 함께 흡수골을 여행하면서 몇 시간에 걸쳐

푸르공을 타고 달려본 적이 있다. 푸르공은 승차감도 그렇게 좋지 않다. 도심을 주행할 때는 이 차의 진가를 잘 모른다. 그러나 거친 몽골의 초원을 달리는 데는 이를 당할 차가 없다. 차 밑바닥이 지면으로부터 높기에 보통의 풀이나 장애물은 아랑곳하지 않고 다닐 수 있다. 그리고 광활한 초원이나 사막에서 차가 고장이 나면, 그 자리에서 고장 난 부분을 간단히 수리하여 다시 달릴 수 있다. 간단하고 단순하여 전문 수리를 필요로 하지 않아도 되지만 요즈음 나온 전자장치로 가득한 차가 홀로 몽골 초원에서 고장이라도 일으키면 속수무책이다. 한국에서처럼 보험회사나 정비업체를 부를 수도 없는 형편이기 때문이다.

나는 푸르공 같은 인생을 살고 싶다. 인생을 살아가는 데 꼭 있어야 할 것만 가지고 심플하게 살았으면 좋겠다.

문득 푸르공처럼 사는 처남 생각이 난다. 처남은 치과의사의 삶을 살다 하나님의 부르심을 받고 신학교에 입학하였다. 서울 어느 교회 전도사로 시무하게 되었는데 받은 사례비로 아이들을 유치원조차 보낼 수 없는 형편이어서 유치원도 그만두게 하고 집에서 가르쳤다. 그리고 생활에 꼭 필요한 것만 가지고 사는 모습을 보았다.

명절에만 얻어 입을 수 있던 두벌 옷으로 1년을 살았던 우리의 어린 시절. 그런데 지금은 너무 부자가 되어있다. 우리는 얼마나 많은 것을 가지고 누리면서 살고 있는가.

몽골의 초원을 거침없이 달리는 푸르공을 보면서, 푸르공 같은 인생을 살고 싶다는 생각을 해본다. 이제는 가진 것을 나누며 사는 훈련이 필요한 것 같다. 욕심 부리지 않고 나를 가볍게 하여 오직 위엣 것을 바라보고 앞에 있는 구원의 푯대를 향하여 가볍게 달릴 수 있도록 말이다.

이 요한은 낙타털 옷을 입고 허리에
가죽띠를 띠고 음식은
메뚜기와 석청이었더라 (마태복음 3: 4)

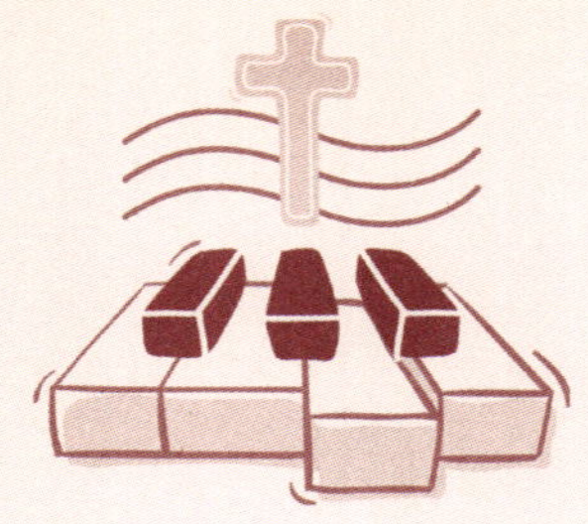

하나님 기쁘시지요

몽골 연세친선병원 치과에 무료 임플란트 시술을 위해 김 집사님이 오셨다. 그 분은 사랑의 교회에서 집사로 섬기면서 평택에서 큰 치과 병원을 경영하시는 분이다. 하루는 연세친선병원 직원 예배에 함께하게 되었는데 그 날 내가 말씀을 전하였다. '가이사의 것은 가이사에게 하나님의 것은 하나님께' 라는 요지의 말씀을 전하는 중에 나의 부끄러운 간증을 하게 되었다.

"저에게는 부끄러운 고백이 있습니다. 하나님의 것은 하나님께 바치려 애를 썼지만 가이사에게 바치는 일은 잘 못하였습니다. 제가 개업하고 병원을 운영할 때 많은 기간 수입을 누락하여 당국에 신고를 하였습니다. 그

후 신학교에 입학하려 할 때 저는 지금부터라도 세금을 바로 내어야겠다고
생각하고 세금을 계산해보니 돈이 아까워서 손이 떨렸습니다. 그러나 용감
하게 그 때부터 세금을 온전히 납부하였더니 아주 기분이 좋았습니다.”

그런데 그 말씀을 듣고 김 집사님은 “저에게도 같은 간증이 있습니다.
저는 미국에서 공부를 마치고 개원을 했는데 환자가 많고 병원 경영도 재
미 있었습니다. 병원을 경영하면서 교회에서는 다락방 성경공부를 인도하
고 있었는데 하루는 이런 하나님의 음성을 듣게 되었습니다.

'다른 사람에게 정직하게 살 것을 가르치면서 너는 왜 정직하지 못하
니?'

저는 회개하는 마음으로 이제부터는 세금을 진실하게 납부해야겠다고
마음먹고 세금을 100% 사실대로 납부하려고 계산하니 4억원 쯤 나왔습니
다. 저는 그대로 세무서에 신고하고 납부하였습니다. 세무 공무원이 놀라
는 눈치였습니다. 저는 그 해 국세청에서 모범 납부자로 선정되어 표창을
받았습니다. 저는 표창을 받는 그 자리에서 울면서, 하나님께 이렇게 기도
하였습니다.

“하나님 기쁘시지요?”

그 집사님은 몸으로 '산 제사'를 드리는 분이셨다. 제물은 깨끗하여야

한다. 제물은 죽어야 한다. 제물은 하나님께 온전히 바쳐져야 한다. 그것이 '산 제물'이다. 우리 모두가 산 제물이 되어 "하나님 기쁘시지요?" 하고 말씀 드릴 수 있는 날이 왔으면 좋겠다.

그러므로 형제들아 내가 하나님의

모든 자비하심으로 너희를 권하노니

너희 몸을 하나님이 기뻐하시는

거룩한 산 제사로 드리라 이는

너희의 드릴 영적 예배니라 (로마서 12 : 1)

영적 전쟁터

선교지는 '영적 전쟁의 최전방' 이다. 그래서 보이지 않는 전쟁이 날마다 치열하게 계속되고 있다. 교회를 개척하고 성도들이 교회로 나와 믿음을 가지기 시작하자, 사탄은 자기 영역에 있던 영혼들이 하나님께로 향하는 것에 '배 아파' 하며 훼방의 역사를 계속하고 있다.

몽골사람들의 생활에는 미신이 뿌리 깊게 자리하고 있다. 그래서 결혼도, 이사도 좋은 날을 찾아서 한다. 돈을 받는 일도 나쁜 날에는 받지 않는다. 심지어 취직하는 일도 첫 출근하는 날이 나쁜 운수가 있는 날이면 직장을 잃는다 해도 그 날 출근하지 않는다. 연세친선병원에서는 화요일에 수술을 받는 사람이 거의 없다. '화요일은 좋지 않은 날' 이라는 미신이 있기 때문이다. 어떤 일을 시작했는데 나쁜 일을 당하면 그 일을 하는 것이 좋지 않기 때문이라고 여기고 쉽게 그만두어 버린다.

‘어떠너’가 교회에 처음 다니기 시작했을 때, 뺑소니차에 의해 다리가 부러지는 교통사고를 당했다. 물론 믿지 않는 가정의 장녀로 어렵사리 교회에 다니기 시작했을 때 사고를 당하여 우리는 많은 걱정을 하였다. 가족들은 교회 다니더니 이런 일이 생겼다고 여기고 교회 다니는 것을 그만두게 할 수도 있는 노릇이 아닌가? 다행히도 그의 부모님들은 그렇게 생각하지 않으셨고 어떠너 자신도 더 심한 부상을 당하지 않아서 감사했다고 말해서 얼마나 기뻤는지 모른다.

어떠너의 상처가 회복되자, 그를 교회 통역자로 임명했다. 그러자 어떠너 가족의 반대가 심하였다. 생각지도 않은 문제가 생긴 것이다. 몽골 가정의 친족 가운데는 한두 명의 라마승이 있을 정도로 몽골에서는 예부터 아이들을 승려 학교에 보내어 라마승을 삼는 것을 가문의 영광으로 생각한다. 어떠너의 가까운 친척이 라마승이었다.

“우리 가문에서 교회의 중요한 일을 하는 사람이 나와서는 안 된다”고 하며 반대한다는 것이다. 부모님은 그저 평신도로 교회에 다닌다면 모르지만 항상 앞에 서서 예배를 이끌어가는 중요한 사람이 되는 것이 걱정스러

윘던 것이다. 우리는 기도했고 무엇보다 어떠너의 태도가 확고했다.

사탄이 이런 저런 일로 어떠너를 키질했지만 하나님께서 이 모든 것을 막아 주셨다. 마침내 부모님의 허락하에 어떠너는 계속해서 통역을 맡기로 했다. 지금까지 어떠너는 우리 교회 제1통역자로 일하고 있다.

연세병원 간호사로 있는 '게를레'가 교회에 등록하고 다니던 즈음에 깡패를 만났다. 머리가 찢어지고 귀걸이를 빼앗기고, 강제로 손톱이 빠지는 테러를 당했다. 칼로 죽이겠다는 협박까지 받아 그 충격으로 내가 심방을 갔을 때는 거의 정신을 차리지 못할 정도였다. 그를 교회 가지 못하게 하려는 사탄의 역사였다. 그는 무섭고 두려워 방에 갇혀 꼼짝도 하지 못하는 상태였다.

'나라'라는 처녀는 영어를 무척 잘하는 성격이 명랑한 자매였다. 어머니를 중심해서 온 집안이 교회에 등록한 지 얼마 되지 않은 때였다. 7월 몽골의 나담 축제가 있던 때 50세 된 아버지가 흡스굴이란 호수에서 수영을 하시다 갑자기 심장마비로 익사하였다. 몽골의 씨름 선수로 건강을 걱정하는 일이 없는 분이었는데 갑자기 그런 사고가 일어난 것이다.

큰 슬픔 가운데 있는 그 가정에 성도들과 함께 심방하였다. 나라는 하루 밤 사이에 딴 사람이 되어 있었다. 하나님이 계시면서 왜 자기에게 이런 일이 일어나는 것이냐는 원망으로 가득 차 있었다. 그는 우리가 보는 앞에서 일부러 부처를 모셔놓은 자리에 제상을 차려놓고 절을 하고 있었다. 어머니와 다른 가족들은 우리를 주의 종으로 생각하는 듯 하였는데 제일 어린 나라는 그렇지 못했다. 문상을 마치고 나올 때는 내가 준 성경을 도로 돌려주며 자기는 다시 불교를 믿겠다고 하였다. 고통과 시련은 어디든 있을 수 있지만 그 고난을 통해 사탄은 그 어린 영혼을 다시 자기 수하에 두려고 하고 있었다.

나라의 어머니를 교회에 인도한 분은 'K' 라는 분이다. 우리 교회에 제일 열심히 나오는 분이시고 처음 세례를 받은 분이기도 하다. 그런데 K는 '하나님께서 살아계시면 어떻게 가장 친한 친구의 남편을 갑자기 데려가실 수 있냐?' 며 하나님을 원망하였다. 그는 그날 슬픔에 빠진 친구를 위로하고 집으로 가던 중 나쁜 사람들을 만나 몸에 상처를 입었다.

이 일로 K는 시험에 들었다. 그리고 주일이 되자 사탄은 K를 통해 그의 정체를 분명히 드러내었다. 우리가 예배드리는 시간에 교회 마당에 세워둔 교회 전도사의 승용차 유리창을 돌로 모두 박살내고 말았다.

하나님께 자신의 영역을 빼앗기지 않으려는 사탄의 발악이 치열함을 볼 수 있다. 이 전쟁터에서 우리는 기도 외에는 승리할 수 없다는 것을 잘 알고 있다.

치열한 전투에서 우리는 반드시 이겨야 한다. 오늘도 이 지상의 교회에 사탄은 먹잇감을 찾아 이리 저리 다니면서 어린 양들을 공격하고 있다.

하나님의 나라가 확산되는 것을 방해하기 위해 온갖 수단을 다 동원하고 있는 것이다. 최근에 몽골 정부는 'NGO비자'로 활동하는 많은 선교사들을 비자 목적 외에 활동한다는 명목으로 '영구 추방'하고 있다. 어느 선교사님이 비자 때문에 너무 고생스러운 나머지 비자귀신이란 말씀을 하셨다. 점점 비자 받기가 어려워지고 마음대로 복음 전하는 일이 갈수록 어려워질지 모른다.

그러나 깨어 기도하고 말씀 의지하며 영적인 분별력을 가지고 힘차게 나아가야 할 것이다. 우리 대장 예수님의 충성된 군사로 부름 받은 자로서, 기드온의 300용사처럼 지혜롭게 영적인 싸움을 싸울 것이다.

우리의 씨름은 혈과 육을 상대하는 것이 아니요
통치자들과 권세들과 이 어둠의 세상 주관자들과
하늘에 있는 악의 영들을 상대함이라
(에베소서 6: 12)

Chapter 6

가든지 보내든지

가든지 보내든지

누군가 "왜 선교사님의 인터넷 홈페이지 제목을 '가든지 보내든지'로 정했어요?" 하고 물어온다. 한국에서 치과의원을 개업하고 아내와 나는 기도하던 중, 선교사 한 분을 정해서 그 가족의 생활비 전체를 후원하기로 했다. 나와 이름이 같은 허석구 선교사님을 9년간 후원하면서 많은 은혜를 체험하였다. 보내는 선교사의 삶이 재미있었다. 하나님께서는 보내는 선교사도 기뻐하시고 축복하신다.

9년의 시간이 지나고 하나님께서 이제 나를 가는 선교사로 부르셨다.

사도행전을 읽어보면, 선교는 하나님의 역사요 하나님은 선교의 주체이시다. 성령님께서 앞서 선교하시고 계신다. 하나님께서 선교의 일꾼인

사도바울을 택하셨다. 예루살렘교회가 선교에 적극적이지 못하자, 핍박을 통해 제자들을 세계로 흩어지게 하셨다. 제자들은 그 흩어진 각자의 위치에서 선교했다. 하나님의 뜻은 이방인들에게도 복음을 전하는 것이었다.

그러나 베드로는 그 하나님의 뜻을 잘 몰랐다. 그러자 하나님께서 베드로에게 환상을 통해 깨닫게 하시고 이방인인 고넬료에게 복음을 전하고 세례를 베풀게 하셨다.

하나님의 뜻은 유럽과 세계에 복음을 전하는 것이었다. 그러나 바울은 소아시아 지역에 복음을 전하기 원했다. 하나님께서는 바울의 가고자 하는 길을 막으시고 유럽으로 그를 부르셨다. 그는 비로소 하나님의 인도로 유럽 사람들을 전도하기 시작했다.

안디옥 교회는 선교 지향적인 교회였다. 안디옥 교회는 바울과 바나바를 선교사로 파송한 보내는 교회였다.

하나님은 우리가 선교 지향적인 삶을 살기 원하신다. 대학생 때 예수님의 사랑을 체험하고 주님께 헌신을 다짐하면서, 이렇게 기도했던 것이 생각난다.

"하나님 전 복음의 후방이 아닌 전방에서 살고 싶어요."

하나님께서 나의 그 기도를 받으시고 지금 복음의 전방인 선교지에서 살게 하셨다. 우리 모두 선교사이다. 보내는 선교사로 살든지, 가는 선교사로 살든지, 전방의 선교사로 살든지, 후방의 선교사로 살든지 해야 할 것이다.

1969년 인간이 처음으로 달에 착륙하였다. 미 항공우주국에서 아폴로 11호를 달에 쏘아 올려 닐 암스트롱을 달에 보냈다. 암스트롱 혼자의 힘으로는 달나라로 갈 수 없었다. 보내는 미 항공우주국에서 철저하게 준비하여 로켓을 발사하고, 순간순간 그 상황을 체크하여 문제점을 보완하고 보완했기에 가능하였다. 닐 암스트롱은 가는 선교사요 미 항공우주국은 보내는 선교사 같은 역할을 하였다. 가는 선교사도 중요하고 보내는 선교사도 중요하다. 가든지 보내든지 선교 지향적인 삶은 하나님의 뜻이요 그리스도인의 행복한 삶이다.

오직 성령이 너희에게 임하시면
너희가 권능을 받고 예루살렘과
온 유대와 사마리아와 땅 끝까지 이르러
내 증인이 되리라 하시니라 (사도행전 1: 8)

떠나는 연습

이삿짐을 컨테이너에 싣고 이곳 몽골에 선교사로 처음 왔을 때 한국에 있던 많은 것을 정리하는 마음으로 떠나왔다. 가족과 친척, 친구들, 사랑하는 많은 사람들을 뒤로 하고 떠나면서 나는 이것이 '장차 이 땅을 떠나 하늘나라로 가는 연습' 이라 생각했다.

작년 12월에 우리는 5년간의 사역을 잠시 쉬고 안식년을 갖게 되었다. 우리를 파송한 장로회 총회 규정에 의하면 선교사는 5년 사역 후 안식년을 가질 수 있게 되어 있다. 국내에서 목회하시는 목회자들은 6년 사역 후 안식년을 가진다. 아마도 선교지에서는 국내에서 보다 좀 더 긴장해야 하기 때문에 선교사를 배려하는 제도가 아닌가 여겨진다.

안식년을 가지면서 후원교회나 고향교회의 목사님들을 볼 때면 죄송한 마음이 든다. 대부분의 국내 목회자들은 규정대로 안식년을 갖지 못하는 것이 현실이다. 안식년을 갖는다 해도 거의 약식 안식년이라고 할까. 보통 3개월이나 몇 개월의 안식 월을 가지면서 한 번의 해외 나들이 정도로 끝날 때가 많다. 또 10년이 지나서야 몇 달 정도의 안식 월을 드리는 교회도 있는 현실이다.

안식년을 드려도 교역자 자신이 교회를 비우지 못하시는 분도 있고, 또 비울 수 없는 사정으로 안식년을 갖지 못하는 분들에게 미안한 마음이 든다.

같은 선교지에서도 선교사마다 안식년이 다르게 적용된다. 그래도 대부분의 선교사들은 규정대로 안식년을 갖지만 자리를 비우면 교회가 아주 어려워질 가능성이 많은 교회는 선교사가 안식년을 갖기가 힘들다.

그런 점에서 나는 행복한 선교사이다. 개척 처음부터 안식년을 염두에 두고 시작하였다. 혼자 목회하는 것보다 가능한 선교사님들의 도움을 받아 함께 교회를 시작하였다. 그래서 부담 없이 안식년을 즐길 수 있어서 감사하다.

처음 선교지에 갔을 때 수습기간 동안 어학공부를 하고 몽골에 적응하는 시간을 가졌다. 그리고 그 때는 왜 안식년이 필요할까? 하는 생각이 들 정도로 어려움을 느끼지 못했다. 그런데 5년이 거의 끝나 갈 때는 안식년이 간절히 기다려 질 정도로 내게도 쉼이 필요하다는 것을 알았다.

무엇보다 선교사로서 영적인 재충전이 필요했고 육적인 돌봄도 필요해졌다. 나 자신의 건강은 어느 정도 양호한 편이었지만 울란바타르의 환경오염 때문에 아내가 많이 힘들어하였다. 심할 때는 가래에 피가 섞여 올라오기도 했다.

이런 저런 이유로 우리는 선교지를 떠나 숨 고르기를 하고 다시 선교지로 들어갈 것이다.

그러다 정년이 되면 다시 선교지를 떠나야 할 때를 맞이할 것이다.

마지막 우리에게 주어진 이 땅 위에서의 시간이 끝날 때는 선교지든 고향이든 다 두고 하늘나라로 떠나야 할 때가 올 것이다.

우리는 어떤 의미에서는 떠나는 일에 익숙하지 않다. 태어난 그 곳에서 일생을 살다가 그 곳에서 죽음을 맞는 사람도 많이 있을 것이다.

얼마 전 오랜 투병 끝에 세상을 떠나신 친구 아버지의 말씀이 생각난다.

"죽는 것도 쉽지 않네."

그래서 우리에게는 떠나는 연습이 필요한 것 같다. 나에게도 안식년을 맞이하기 위한 많은 준비가 필요했다. 1년이라는 정해진 기간이지만 떠나는 것이 그리 간단한 것은 아니었다. 내가 하던 일, 교회의 재정, 1년의 행사, 훈련과 교육 등. 내가 없는 동안에도 교회가 물 흐르듯 흘러갔으면 좋겠다는 바람으로 이것저것 인계를 하였다.

지금 주어지는 1년간의 안식은 잠간이지만, 주 안에서 누리는 안식은 영원한 안식이다. 그 안식의 날을 바라보며 최선을 다하자. 언젠가 하나님께서 나를 부르시는 날, 아무 후회 없이 훌훌 털고 일어나 떠날 수 있도록 떠나는 연습을 하자.

날이 어두워지면 친구들과 미련 없이 헤어져 집으로 돌아가듯이 말이다. 그렇게 갈 수 있으려면 무거운 이삿짐들을 가볍게 만들어야 할 것이다.

나의 계획보다 더 빨리 이 땅을 떠날 수도 있을 것이다.

어릴 때 내가 좋아했던 한 친구는 30세에 이 땅을 떠났다. 나보다 네 살이나 아래인 사촌동생은 작년에 세상을 떠났다. 연수에 관계없이 가까이 있던 사람들이 갑자기 내 곁을 떠난다. 하나님께서 나를 부르실 그 시간이 언제일지 모르지만, 분명한 것은 그때 당황하지 않기 위해 우리에게 떠나는 연습이 필요하다는 것이다. 우리는 반드시 이 세상을 떠나야 할 존재임을 잊지 말고 후회 없이 떠나는 연습을 하자.

관제와 같이 벌써 내가 부음이 되고
나의 떠날 기약이 가까웠도다
(디모데후서 4 : 6)

동생교회

 인구가 적고 유목민들이 사는 몽골에서 개척교회를 세우는 일은 쉽지 않다.

우선 적당한 인구가 모인 개척 후보지역이 필요하고, 그 교회를 인도할 현지 사역자가 필요하다. 예배당을 건축할 경우에는 부지가 필요하다.

부산의 어느 집사님께서 몽골 개척교회를 위해 써달라고 얼마를 헌금하셨다. 1년 전부터 우리교회가 지원할 개척교회를 위해 기도해 왔고 실제로 답사도 다녀 보았지만 쉬운 일은 아니었다.

그런데 그 돈으로는 울란바타르에서 한 번씩 오가며 관리할만한 거리에는 어림도 없었고 웬만한 곳에는 교회가 다 들어와 있었다. 현실적으로 불가능한 일이었다. 혹시 그런 곳이 있다 하더라도 전도사님의 생활비와 거처를 함께 마련하되 그것이 지속되어야 하기 때문에 그 일을 강행하는데 여러 가지 조건이 맞지 않았다.

마침 한국에서 몇 분들이 몽골에 개척교회를 하고 싶다는 뜻을 전해와 본격적으로 개척 후보자를 찾아 보았다.

우리교회에 아동부 전도사로 사역하시는 ‘푸르웨’ 전도사님에게서 우리 교회에서 차로 약30분 거리에 위치한 산(山) 동네에 사는 한 전도사님을 소개받고 개척 후보지를 방문하게 되었다.

우리가 그곳을 방문했을 때에는 아이들이 빽빽하게 앉아 열심히 찬양을 하고 있었다. 전도사님의 아들과 딸도 교사로 일하고 있었다. 아들이 기타를 치면 아이들은 박수를 치며 큰 소리로 찬송을 불렀다. 또 연합신학교 대학원 과정에 있는 조그만 여전도사님이 말씀을 전하면서 그 교회를 돕고 있었다.

그런데 가게와 병행하여 사용하고 있는 교회는 그야말로 가관이었다. 좁고 긴 가게에 판매대가 있고 손님들이 물건을 사러 들어오는 좁은 공간에 서너 명씩 줄지어 앉으면 꽉 차는 곳이었다. 팔려고 나무를 담아놓은 포대를 두 개씩 붙여놓고 그곳에 줄지어 앉아 말씀을 듣는 아이들의 눈빛이

반짝반짝 빛이 났다. 바깥은 얼어 있고 난방도 제대로 되지 않는 그곳에서 예배를 드리고 있었다. 아이들은 예배를 마치고 작은 사탕 2개씩을 받아들고 입이 함박만해서 뛰어 나갔다.

이 구멍가게 교회는 어린이들 20여명, 장년 성도 10명 정도가 모여 따끈따끈하게 예배를 드리는 곳이었다. 한눈에 '이 교회다' 라는 생각이 들었다. 우리 눈에도 이렇게 예쁜데 하나님께서 얼마나 기뻐하실까라는 생각이 들었다.

여전도사님은 남편 없이 이 지역에 집이 없을 때 맨 처음 터를 잡았다고 한다. 몸이 좋지 않아 혼자 산에 앉아 '하나님이 계시면 내 몸을 낫게 해 달라' 고 기도하다가 건강을 되찾은 체험이 있는 분이셨다. 가게 옆 울타리 안에는 교회를 지을 만한 그런대로 넉넉한 터가 있어 하나님의 예비하심이 놀라웠다. 여전도사님과 성도들은 오래 전부터 그 마당에 새로운 예배당이 세워지기를 기도하고 있었다.

하나님께서 우리가 찾던 곳을 기가 막히게 만나게 해 주셨다.

우리들은 전도사님을 마나서 이렇게 이야기 했다.

"120여 년 전, 한국의 소래 교회는 외국 선교사들의 도움 없이 자기들의 힘으로 예배당을 지었습니다. 저희가 건축자재를 책임질 테니 스스로의 힘으로 예배당을 지어 보십시오.”

“좋습니다.”

전도사님과 성도들은 신이나서 일꾼을 부르고 성도들이 중심이 되어 예배당을 지었다. 자기 교회를 스스로 설계하고 전도사님의 아들이 직접 벽돌을 구입하여 온 성도들이 함께 건물을 지었다. 자기들의 교회이니 애착이 더 많았을 것이다. 예배당 난방 시설도 장기적으로 쓸 수 있도록 좋은 품질의 것으로 선택했다. 예배당은 빠르고 튼튼하게 지어졌다.

드디어 150명 이상을 수용할 아름다운 예배당이 건축되었다. 한국에서 목사님과 성도님들이 오셔서 함께 헌당예배를 드렸다. 그리고 그 예배당에서 교회 지도자인 전도사님의 아들과 이 교회를 돕는 여 전도사님이 나의 주례로 결혼예식을 올렸다.

이 교회를 방문할 때마다 기쁨이 있다. 이 교회의 이름은 축복 중앙교회이지만 우리는 동생교회라고 부른다. 한국에서 말하는 개척교회보다 동생교회라 부르는 것이 맘에 든다. 동생은 형보다 늦게 태어났으니 귀엽고 형은 늘 동생을 사랑하고 돌봐 주기 때문이다. 그리고 늘 동생교회를 위해 기도하였다.

베다니마을 교회를 이 땅에 허락하시고 우리 교회를 통하여 ‘동생교회’를 지원할 수 있게 하신 하나님께 찬양드린다. 새로이 한 교회가 든든히 서고 예배당이 신축되어 몽골에 하나님의 나라가 확장되고 있다.

이 집은 살아계신 하나님의 교회요
진리의 기둥과 터니라 (디모데전서 3: 15후반)

몽골 사람들의 이름

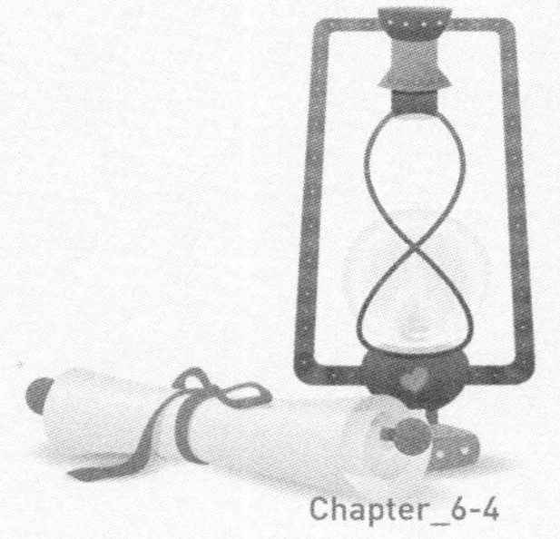

몽골 사람들에게는 재미있는 이름이 많다. 태어난 날의 요일을 넣어서 이름을 짓는 경우도 있다. '다와'란 월요일에 태어난 아이란 뜻이다. 아이를 낳을 때 그 날이 기념일이나 명절이었으면 그 이름을 넣어서 짓기도 한다. '산사르'는 '우주'라는 뜻이고 '어드너'는 '별'이란 뜻이다. 좋은 의미를 따라서 짓기도 한다. '자르갈'은 '행복'. '어유나'는 '지혜'.

또 유명한 인물들의 이름을 넣어 짓기도 한다. '수흐바타르'. 아이들이 세상에 태어난 순서를 의미하는 이름도 짓는다. '오긍후'는 맏아들, '어트겅 체책'은 막내라는 뜻이다.

성은 한국처럼 씨족을 따라 붙이는 것이 아니고 아버지의 이름이 아들의 성이 된다. 따라서 사촌 형제도 아버지가 다르므로 성이 다르다.

그래서 많은 근친결혼을 하게 되어 유전학 상으로 여러 가지 문제가 생긴다.

연세친선병원에 '니르구이'란 의사가 있었다. '니르구이'란 '이름이 없다'는 뜻이다. 왜 이름이 없다는 뜻의 이름을 지었을까? '훙비쉬'란 이름도 있는데 '사람이 아니라'는 뜻이다. 사람이 아니라면 무엇인가?

그런 이름을 지은 사회적인 배경을 깊이 생각해 보면 그 시절 어머니들의 애달픈 심정이 녹아 있는 것을 알 수 있다. 열악한 환경으로 인해 영아사망률이 높아서 어릴 때 아이들이 자꾸 죽으니까, 귀신이 잡아간다고 생각하고, 잡아가지 못하도록 하기 위해 '이름이 없다', '사람이 아니다'라고 이름을 지었다는 것이다. 귀신이 잡아가려고 해도 이름도 없으니 어찌 잡아가리요? 또 사람이 아닌데 잡아갈 필요가 없지 않은가? 어머니들의 아이디어와 가슴아픈 심정을 그들의 이름을 통해 읽어낼 수 있다.

우리나라도 다르지 않았다. 옛날 우리나라도 영아사망률이 높으니 아이들이 생기는 대로 많이 낳았다. 그리고 이름을 개똥이, 차돌이라 지은 것도 그저 둥글둥글 아프지 않고 튼튼하게 잘 자라주었으면 하는 우리 어머니들의 소원이 그 이름에 내포되어 있지 않은가?

그러고 보면 몽골 어머니들이나 우리 한국 어머니들의 마음이 동일함을 알 수 있다. 오늘도 나는 사람을 만나면 먼저 이름을 물어본다.

"타니 니르 힌베?" (당신의 이름은 무엇입니까?)

그리고 그 사람의 이름을 듣고 그 의미를 분석해 보면, 의미 깊은 이름들, 재미있는 이름이 많다.

성경에 나오는 많은 인물들에 대해서 공부해 보면 그 이름의 의미대로 살다간 사람들이 대부분이다. 예수님의 이름은 구원자란 뜻이고 그 이름대로 구원의 사역을 완수하시고 가셨다.

우리 부모들이 깊이 고민하고 지은 우리 이름의 의미대로 보람 있고 가치 있는 삶을 살아야 한다.

하나님의 자녀인 우리 모두에겐 성도라는 이름이 있다. 성도란 '거룩한 무리' 라는 뜻이므로 거룩한 무리답게 거룩한 삶을 살자.

나의 몽골 이름을 '뭉허 하드' 라고 지었다. 이는 '영원한 반석' 이란 뜻이다. 원래 나의 한국 이름에 '돌 석' 이 들어가기 때문에 그런 이름을 지었는데 예수님을 상징하고 있다. 반석처럼 하나님의 말씀에 굳게 서서 흔들리지 않고, '영원한 반석' 이 되시는 주님을 전하고 싶다.

보라 네가 잉태하여 아들을 낳으리니
그 이름을 예수라 하라 (누가복음 1: 31)

몽골의 크리스마스

몽골사람들은 크리스마스가 무슨 날인지 잘 모른다. 물론 크리스마스가 공휴일도 아니다. 아직 몽골의 기독교 인구가 2%를 넘지 못하기에 이곳에는 크리스마스 문화가 정착하지 못했다.

몽골 사람들은 크리스마스를 '졸 사린 바야르' 라고 하여 '촛불 켜는 날' 이라 부른다. 요즈음은 백화점 앞이나 정부청사 앞 수흐바타르 광장에 큰 장식 트리를 세우지만 한국에서 보는 그런 성탄 축하 트리가 아니라 새해를 축하하는 트리이다. 산타 할아버지는 없고 불교의 이야기에서 유래된 '겨울 할아버지' 라는 사람이 나타나서 선물을 준다.

이곳 몽골 베다니마을 교회 성탄예배를 어떤 날, 어떻게 드릴까를 생각했다. 성탄절이 공휴일이 아니어서 학생들도 학교에 가고 직장인들은 출근해야 하기에 성탄절 아침에는 교회의 모든 성도가 모일 수가 없다. 그래서 성탄절 오후 5시에 성탄 축하예배를 드리기로 하였다. 어린이 교회학교에서 준비한 여러 순서와 함께 축하 행사를 마련했다. 몽골 문화가 함께 하는 성탄 축하 순서였다. 한국의 시조와 같은 어구를 운율에 맞게 지어서 읽는 것을 몽골사람들은 좋아한다. 러시아의 영향을 받아 '요가'와 비슷한 어려운 체조를 잘 하는 아이들도 흔하다. 그런 것을 하고 싶어 하기에 함께 발표하게 했으나, 성탄절의 의미와 어떤 관계가 있을지 의문이다. 그러나 예수님의 생일에 함께 기뻐하는 어린이들의 정성으로 이해했다.

성탄 축하 예배를 은혜 중 마쳤다. 소외된 사람들의 친구가 되어주신 예수 그리스도를 닮기 위해 교회에서 가장 어려운 가정을 찾아 병원비를 지원하고 작은 선물을 전하기도 했다.

이 땅 몽골에 복음이 속히 전파되어 더 많은 기독교인이 생기면, 세계 모든 나라들처럼 성탄절이 공휴일로 지정될 것이다.

한국 교회처럼 성탄 축하예배를 드리며, 마음 놓고 길거리에서 복음을 전할 수 있는 날이 속히 오기를 기대한다.

진정한 메리 크리스마스가 몽골 땅에 속히 오기를 기도한다.

지극히 높은 곳에서는 하나님께 영광이요
땅에서는 기뻐하심을 입은 사람들 중에
평화로다 하니라 (누가복음 2: 14)

나그네

몽골 사람들은 원래 유목민족이다. 유목민족이란 양이나 염소를 키우기 위해 좋은 초지를 찾아 이리 저리로 옮겨 다니는 사람들을 말한다. 여기저기 옮겨다니다보니 그들은 집을 이동용 천막으로 만들었다. 이 집을 게르라고 한다. 긴 막대를 우산대처럼 엮어서 지붕으로 삼고 원형인 둘레는 양털을 두드려 만든 것으로 두른다.

게르는 여름에는 시원하고 겨울에는 따뜻하다. 게르를 짓고 뜯는 데 한 시간 남짓이면 된다. 그들은 원형의 게르에 둘러앉아 예전에 우리나라 사람들이 오순도순 화롯불에 둘러앉아서 이야기를 나누었던 것처럼 정다운 이야기를 나누면서 살아간다. 그리고 겨울에는 추위를 피해 산 아래에나

계곡에 게르를 치고 추위를 피한다. 말하자면 그들은 어느 한 곳에 정착하지 않고 나그네의 삶을 살아온 것이다. 나그네의 삶이 몸에 배인 그들이기에 나그네를 잘 대접한다. 나그네를 집에 초청하여 극진히 대접한다.

성경을 읽어보면 이스라엘 백성들은 목축을 업으로 하는 유목민이었다. 그래서 예수님은 목자로, 성도는 양으로 비유하는 장면이 많이 등장하는 것을 볼 수 있다.

아브라함도 나그네의 삶을 살았고 다윗도 나그네의 삶을 살았다.

예수님도 "여우도 굴이 있고 공중의 새도 깃들일 곳이 있으나 인자는 머리 둘 곳도 없다"고 하시며 나그네 삶을 사는 자신을 소개하셨다.

인생은 나그네 길이 아닌가. 몽골 유목민들이 초지를 따라 잠시 머무는 것처럼 나그네는 이 땅에 잠시 머무는 사람이다. 우리는 이 땅에 잠시 머물다 가는 나그네들이다. 십 년을 하루로 생각한다면 30대에 세상을 떠난 사람은 3일을 살다간 사람이요. 60대에 세상을 떠난 사람은 6일을 살다 간 사람이다.

나도 사랑하는 부모 친척을 떠나 몽골에서 나그네 삶을 산다. 안식년을 맞이하여 한국으로 돌아왔지만 며칠은 서울에서, 며칠은 부산에서, 이 곳 저곳으로 떠돌며 생활하고 있다.

그래서 성경은 "너희 생명이 무엇이냐 너희는 잠깐 보이다 없어지는 안개니라"고 하였다.

몽골 사람들의 이삿짐을 보면 아주 단출하다. 함께 생활하는 우리 교회 여전도사님은 딸과 함께 교회 사택에 이사를 오셨는데 이삿짐이 정말 간단하였다. 그런데 주일마다 새로운 옷을 어디에 두었다가 입고 나타나는지 신기하기만 하다.

나그네는 어디론가 또 떠나야 할 사람이기에 짐이 가벼워야 하는 것이다.

며칠 출장이나 여행을 갈 때에는 꼭 필요한 짐만 꾸려서 떠나지 않는가.

몇 번의 이사를 하면서 느낀 것은, 내가 너무 많이 가지고 이 나그네 길을 가고 있다는 것이다. 그러면서도 있는 것을 버리지 못하고 사는 걸 보면 정체성이 부족한 나그네임이 틀림없다.

우리가 살고 있는 주택은 이 세상 며칠간의 캠핑에 사용되는 텐트이다.

전셋집에 살고 있는 사람은 빌린 텐트에 사는 것이고 자기소유의 주택은 자기의 텐트에 살고 있는 것이다. 며칠간의 캠핑이라면 자기 텐트가 아닌 빌린 텐트인들 어떠랴! 셋집에 사는 사람들이여 기죽지 말고 살자.

나그네 길은 외롭고 고달프다. 그래서 하나님께서는 나그네 길에 여러 친구들을 주시고 배우자를 주셨다. 배우자는 평생의 외로운 나그네 길에 나와 함께 하는 동반자이다. 그러나 가장 큰 위로는 이 나그네 길을 우리 주님께서 동행해 주신다는 사실이다. 주님과 함께 나그네 길을 가자.

하나님께서 나에게 유목민 선교를 맡겨주신 것은 유목민들과 함께 살면서 나그네로서의 정체성을 잊지 말고 살기를 바라시는 것이 아닐까?

사랑하는 자들아 거류민과 나그네 같은
너희를 권하노니 영혼을 거슬러 싸우는
육체의 정욕을 제어하라 (베드로전서 2: 11)

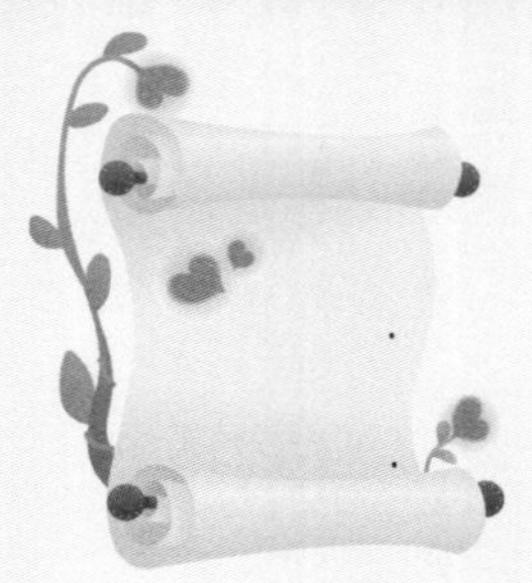

역 문화충격

5년간의 몽골 선교를 마치고 1년간의 안식년을 맞이하여 한국에 들어왔다. 물론 그 동안 가끔 한국을 방문한 적은 있었지만 다시 돌아와 보니 예전과 달라진 게 많았다.

몽골에 있을 때는 집에 있는 아무 옷이나 걸치고 나가도 다른 사람들 차림새보다 뒤떨어지지 않았는데 한국에서는 우선 옷 차림새에 신경이 쓰인다.

아무리 신경 써 입고 나가도 다른 사람들에게 뒤떨어지는 것 같다.

한국이 대기 오염이 심하다고 하나 우선 마음껏 숨을 쉴 수 있어서 좋다.

마치 굴뚝 속을 나와서 숨을 쉬는 것 같다.

몽골에서는 도로가 너무 험악하여 차량에 산악용 타이어를 사용하였는데 어디를 가도 도로가 너무 잘 닦여 있다.

지하철을 타려고 지난번에 사용하던 카드를 현금 충전하려고 하니 아들이 "아버지 신용카드로 다 통합니다" 했다.

출국 할 때는 그래도 현금으로 통하는 세상이었는데 이제는 신용카드 한 장이면 다 통하는 세상이 되었다.

지하철과 버스를 환승하는 제도도 새롭게 배웠다.

지하철에 내려 30분 안에 4번의 다른 버스를 무료로 이용할 수 있단다.

너무 편리하게 되어 있다.

하루는 자동차로 고속도로를 이용하게 되었다. 그런데 옛날 생각을 하고 무심코 톨게이트에 들어서니 위에서 부자가 시끄럽게 울렸다. 차를 옆에 세웠더니 표를 관리하는 직원이 나와서 야단을 친다. "아니 신고도 안 하고 하이패스 차량용 톨게이트를 이용하면 어떻게 합니까?"고 한다. 그러고는 고속도로 티켓을 준다. 차를 몰고 도로를 주행하면서 '하이패스가 뭔가? 내가 너무 왕따가 되어있구나' 하는 생각을 하게 되었다.

아! 내가 역 문화 충격 가운데 있구나.

몽골에선 신선한 채소가 그리웠는데 대형 마켓에는 일 년 내내 신선한 과일과 채소를 구할 수 있다.

공공기관을 방문하면 얼마나 친절하고 신속하게 처리해 주는지.

구두 수선을 맡겼는데 며칠 후 문자로 "수선이 다 되었으니 찾아 가세요" 하고 문자를 받으니 기분이 좋았다.

어제는 어느 노인 복지 회관을 방문했는데 복지 정책도 생각보다 잘 되어 있었다. 아! 내 조국이 세계10위권의 선진국이요, IT강국이었구나 하고 새롭게 느낀다.

이 좋은 곳에서
몸도 마음도 쉼을 허락하신 하나님께 감사 드린다.
새 힘을 얻고 충전하여 다시 선교지로 돌아가야지.

이르시되 너희는 따로 한적한 곳에 가서
잠깐 쉬어라 하시니 이는 오고 가는 사람이 많아
음식 먹을 겨를도 없음이라 (마가복음 6:31)

한국인과 몽골 선교

지금 몽골에서 사역하는 선교사는 약 250여명 정도라고 추정한다. 그들 중 60%가 한국 선교사이다. 몽골은 한국 선교사에게는 최적의 선교지이다. 그 이유는 우선 몽골인과 한국인은 얼굴이 비슷하다. 그래서 이질감이 없어 편하다. 서울에 가면 동대문 근처에 많은 몽골인들이 모여 산다. 그런데 오고 가는 몽골사람들을 한국 사람과 얼른 구별하기가 힘들다.

몽골 선교의 이점으로는 문화적으로도 비슷한 면이 많이 있다는 것이다. 옛날 고려시대에 몽골군이 쳐들어 왔을 때 그들의 풍습과 우리의 풍습의 교류가 있었을 가능성이 있다.

인두, 두부, 사분(비누)이라는 몽골 말을 우리나라도 사용한다. 족두리, 연지곤지 찍는 풍습 등이 몽골에서 들어오고 귀걸이 등의 장식도 몽골에서 연유했다는 설이 있다.

그리고 코리안 드림이다. 우리가 미국에 유학을 가고 그곳에서 사업을 하고 그곳에서 사는 것을 자랑스러워하던 때가 있었다. 몽골 인들은 한국을 모델로 삼고 있다. 최근에는 한국의 새마을 운동을 수입하여 전국 도마다에 지부를 설치하고 지도자를 양성하고 있고 많은 근로자들이 한국에 나와 일을 하고 있다. 또 사람마다 한국어를 배우고 싶어 한다. 그래서 자연히 한국 사람을 가까이 하고 싶어 하고 자연스럽게 선교사들과의 만남이 이루어진다.

종교적인 배경도 비슷하다. 바탕이 샤머니즘이고 그 위에 라마 불교를 받아들였다. 한국도 샤머니즘 위에 불교를 받아들인 나라이다. 그 후에 러시아의 공산정권 아래 있었으나 옛 소련의 붕괴로 민주화 된 나라이다. 이러한 시절을 지나오면서도 만족하지 못한 젊은이들이 기독교에 대해 호의적이고 마음이 열려 적극적으로 기독교 신앙을 받아들이고 있다.

세계에서 한국을 코리아라 부르지 않는 유일한 나라가 몽골이다. 그들은 한국을 솔롱고스라 부른다. 솔롱고란 무지개란 뜻인데 한국이 세계에

코리아라고 알려지기 전 고려시대에 들어온 몽골 군인들이 무지개 색의 옷을 입은 사람들을 보고 무지개의 나라라 불렀다고 전해진다.

몽골인 친구인 경찰 간부와 함께 제주도를 함께 여행한 적이 있었다. 항몽전쟁 기념관에서 벽화를 보면서 "왜 너희 조상들은 우리 조상들을 저렇게 괴롭혔는가? 사과하라"고 하니 그가 "미안하다 이제 친구가 되었지 않았나"고 하였다.

이렇듯 큰 소리 치면서 선교할 수 있는 나라이니 얼마나 감사한가. 반대로 우리가 그들을 침략해 큰 해를 끼쳤다면 그들에게 선교하기가 얼마나 어려웠겠는가? 나는 세계의 여러 나라 중 특히 몽골의 선교사가 된 것을 만족하게 생각한다.

몇 해 전 러시아에서 한인 선교사대회가 있어서 다녀온 적이 있었다. 그 때 러시아에 사역하는 한국 선교사들이 몹시 힘들어 하는 것을 보고 온 적이 있다. 수고에 비해 열매가 쉽지 않고 비자도 까다로워 선교사님들을 힘들게 하고 있었다.

몽골은 정붙일 곳이 없도록 척박하고 황량한 나라이지만 나는 몽골의 선교사가 된 것에 만족한다. 대학을 나와도 비전이 없던 청년들이 예수 그리스도를 통해 변화되어 젊은이들의 영혼을 인도하는 셀 리더가 되고, 아무 소망 없이 살아가던 사람이 그리스도를 만나 가치관과 인생관이 바뀌는 것을 보는 기쁨이 얼마나 큰지 모른다. 이것이 선교사가 얻는 최대의 행복일 것이다.

이번에 한국에서 안식년을 맞은 선교사들을 위한 세미나가 있었는데 거기서 만난 선교사의 대부분이 힘든 선교를 하고 있었다. 그러나 아직 몽골은 선교가 재미있는 나라이다.

몽골은 징기스칸 시절 지구의 사분의 일을 점령한 민족이다. 몽골 사람들은 외국에 진출하는 것을 그다지 어렵게 여기지 않는다. 졸업하면 "일본에 유학간다. 한국이나 오스트리아에 가겠다. 헝가리에 가겠다." 등의 말들을 예사로 듣는다. 그만큼 민족성이 진취적이다. 아마도 그들이 가고자 하는 대부분의 땅이 선조들이 밟았던 땅이기 때문인지 모르겠다. 또 이들은 언어적인 머리가 뛰어나다. 고등학교 때 잠간 배운 영어로 10여년을 배운 우리보다 더 영어를 잘 구사한다. 대학 4년 한국어과를 나오면 어찌하든지 자유롭게 한국어를 하는 것을 보면서 놀라지 않을 수 없다. 낯선 곳에 대한 적응력, 언어에 대한 감각, 그것에 복음의 열정만 심겨지면 이들은 어디든지 갈 수 있는 선교의 자원이다. 이들이 선교 훈련을 받고 주님의 제자가 되어 북한과 중앙아시아와 이슬람권과 불교권 국가들을 향하여 선교하도록 돕는 일이 나의 일이다.

몽골 선교는 앞으로 10년 동안을 기회로 보고 있다. 10년 후 몽골의

GNP는 만 불을 넘어갈 것이다. 그들이 부자가 되고 주위의 도움이 필요 없게 되면 한국에서 지금 전도가 힘들어지고 있듯이 그때는 몽골 선교가 배나 어려워질 것이다. 지금이 기회이다. 몽골 교회는 지금 빠르게 성장하고 있다.

몽골 복음주의협회는 2010운동을 하고 있다. 2020년까지 인구의 10%를 복음화하자는 운동이다. 인구에 비해 선교사들이 너무 많다는 비판을 하는 사람들도 있지만 지금이 몽골을 전략적으로, 집중적으로 선교해야 하는 때이다. 때를 놓치지 말고 목회, 신학교 사역, 전문인, 평신도 선교사로 몽골로 오시기를 바란다.

내가 모든 사람에게서 자유로우나
스스로 모든 사람에게 종이 된 것은 더 많은
사람들을 얻고자 함이라(고린도전서 9:19)

다시 선교지로 향하며

안식년을 마치고 꼭 일 년 만에 몽골로 돌아왔다.

공항에 내리니 매연이 자욱한 도시가 한눈에 들어온다.

이곳이 하나님께서 나에게 허락하신 선교지이다.

11월 말인데 벌써 영하 20-30도를 오르내리는 강추위가 매섭다.

이곳에 다시 정착하기 위해선 우선 행정적으로 준비해야 할 것이 많다.

외국인 관리청에 입국 신고를 하고 동에 거주 신고를 하고 다시 노동청

의 허락을 받고 외국인 관리청에 거주 비자를 허락받아야 한다.

집에 도착하여 집안을 정리하기 시작했다.

부엌살림을 정리하고 고장 난 냉장고 대신 중고이지만 다른 냉장고를 들여놓고 큰 가방에 구겨 넣고 간 옷들을 꺼내어 옷장에 정리하고 고장 난 차를 하루 종일 수리하고 밀린 전화비를 내었다.

한국에서 가져온 070 전화를 사용하기 위해 인터넷을 신청했다.

그런데 일주일이 지나도 신청한 인터넷은 연결되지 않고 있다.

우리가 사는 집이 높은 아파트 아래에 있어서 무선 인터넷도 쉽지 않고 가까이 지나가는 광케이블도 없다고 한다.

가장 가까운 학교의 교장을 만나 인터넷을 함께 사용하자고 하니 거절을 한다.

몇 만원의 설치비를 들여 단독으로 멀리서 광케이블을 설치했다.

그래도 인터넷이 연결되니 온 세상과 소통할 수 있어서 속이 다 시원하다. 특히 한국에서 가져온 070 전화기가 개통되어서 너무 편리하고 좋다.

몽골 선교초기에 어떤 선교사님은 한국으로 전화를 하려면 우체국에서 신청을 하고 이름을 부를 때까지 몇 시간을 기다린 후에야 겨우 통화할 수 있었다고 한다.

이 일 저 일 하다보면 오후에는 피곤하고 지친다.

아 내가 고산 지대인 몽골에 와 있지.

내 몸을 이곳에 다시 적응하는 데 시간이 좀 필요하리라.

그러나 다시 돌아오니 옛 고향에 돌아온 것처럼 마음이 편하다.

아마 이곳이 하나님께서 나에게 주신 사명의 땅이기 때문이리라.

이르시되 우리가 다른 가까운 마을들로
가자 거기서도 전도하리니 내가 이를 위하여
왔노라 하시고 (마가복음1장38절)